Origin. Live your soul.

魂の実践

いろいろやってきたけど、難しかった人へ

ギャッチ郁子 著・絵

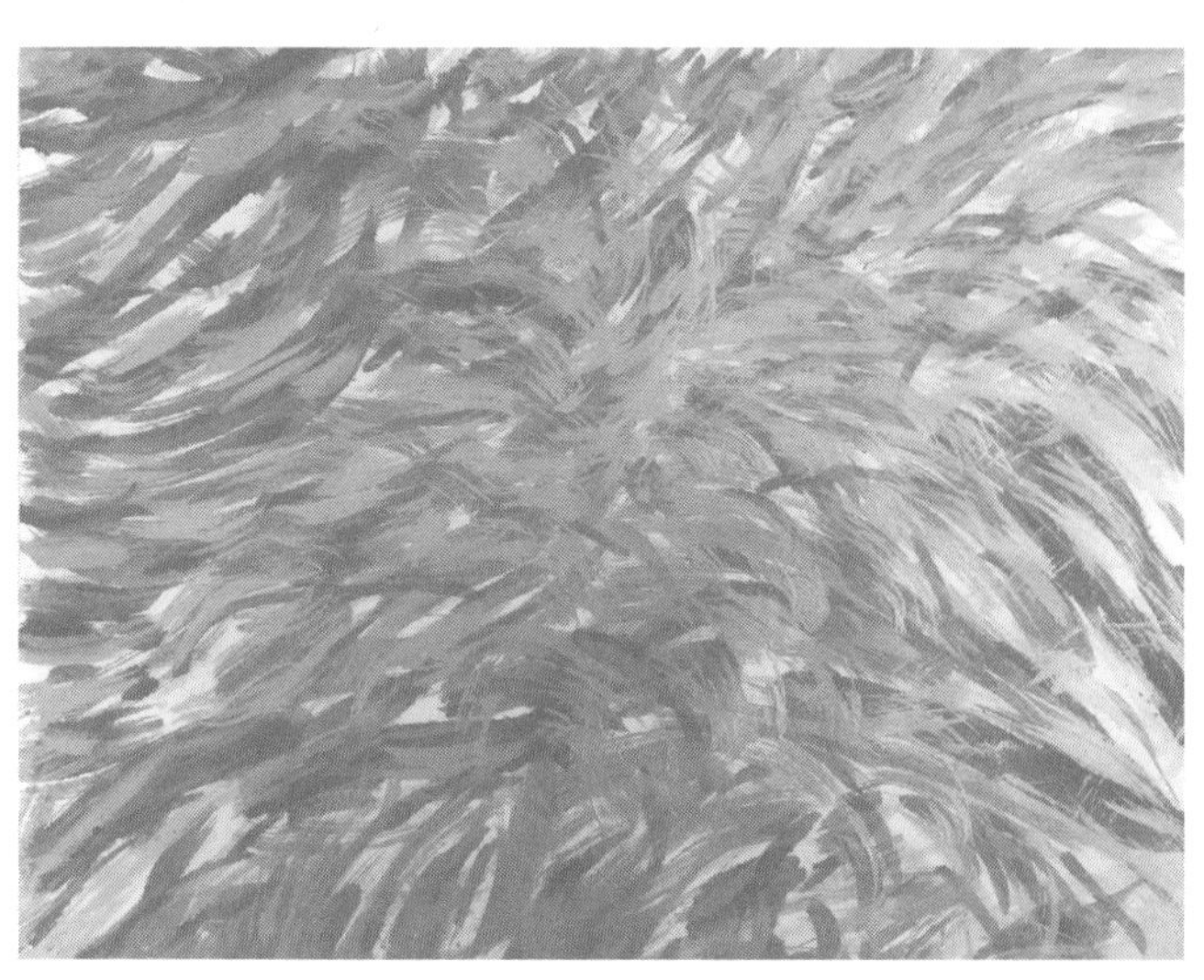

ナチュラルスピリット

魂の実践

目次

カバー表　ギャッチ家のロゴ
カバー裏　アート Livingintuition

はじめに　ギャッチ郁子の話

Ikuko's Story

私は今までに多くの賢者、宗教家、スピリチュアル系に接して来ました。それはなぜかというと、「生きるということは何なんだろう？　本当にこれでいいのか？　私はどうすればいいのか？」そういう疑問があったからです。私は真実をみつけたかった。この世で本当は何なのかを。私は真実をみつけたかった。

こんにちは!

私はニューヨーク在住の現在61歳のアーティストです。34年前にアメリカ人の主人と結婚をして、こちらで生活をしています。子供は27歳の息子が一人います。愛犬マックスは今年14歳です。

幼い日のこと

小学校の時に虐めに合いました。私は目が大きいので、それに対しても虐められました。勉強はできませんでした。一言で言えば頭が悪かったのです。当時私は、教科書や先生の言っている内容が理解できませんでした。勉強が足りないと言われて、何度も読んだり聞いたりしても理解できなかったのです。「他の生徒のようになりたい!」といつも思っていました。

小学校五年生の時に区の水泳大会があり、私は平泳ぎで1位になりました。その頃水泳教室に通っていたので水泳は得意でした。1位になったことで、虐められていた私は一気に「すごい！」と尊敬される子になったのです。「ばかだ」と言っていた先生までも、私が1位をとったので自慢の生徒となり、今まで話しもしてくれなかった子供達の態度も一変しました。

この時私はこう思いました。「ああ、これがこの社会なんだ！」と。なぜかこの世の仕組みたいなものを子供ながらにみたように思います。

常にこのように考えて生きてきたわけではありませんが、「この世の真実は何か？」がいつも私の中にあったのだと思います。「宗教があるのに、なぜ争いが起こるのか？」これについては私には全く理解できませんでした。

スピリチュアル系との出会い

素晴らしい生き方を語っている人、私の知らない世界を知っている人達に凄く興味がありました。過去世が見える人、霊が見える人等など、一通りのスピリチュアル系の世界を覗いてみましたが、最後にはどうしても腑に落ちない点があり、別のもの、他の人へと移って行きました。

大学生の頃は西洋占星術のある先生とご縁がありました。大学の友人が一緒に会ってくれと言うので、ついて行ったのが始まりでした。その時は、私の生まれた場所と日時などから占ってもらいました。当時の私にはこれといって質問したいことはなかったのですが、「西洋占星術ってこんなふうに占うんだ~」って思いました。その友人は、海外にいる好きな人とどうしたらうまくいくのか、結婚するにはどのような方法が良いかなどを主に尋ねていました。確かその時、友人の付き合っていた外国人の彼が別の女性とも付き合っていることを発見して、どうしたら自分のものになるのか?などを相談していたと思います。「恋愛を戦略的にやるんだぁ~、凄い!」って思いました。「これって本当に良い方法なのかしら?」とも思いました。

思い出せる二番目は、波動を勉強しているある会に入会した時のことです。その会では「正しい霊感を自覚して波動というものを知り、真の道を歩く」というようなことがそこの会の経典にありました。ここで私は初めて「波動（振動波）」という存在を知りました。この会の会主先生が「悪」と「善」と書いた紙を会員に見えないように折り畳み、それを掲げると会員の一人の息が苦しくなり、「これは悪い波動です」と言っていました。「訓練をするとこのように、目で見なくても波動で感じることができる」と会主先生はおっしゃっていました。ここで詳しい会の説明は控えますが、組織の中にいて変な上下関係ができていることを知りました。それは、「できる人達」が上から目線で下の人たちに指示をし、あたかも自分がとても「偉い人」のような傲慢さをかもし出していました。そして下にいる人はその人の指示に従って行動するのですが、その姿を見て「何か違う」と感じるようになりました。最終的に私にとって腑に落ちない点が多く、会をやめることに決めました。

私は霊などを目で見たことはありませんでしたが、体で「嫌だな」と思う場所や厳しいと感じる場所に出会ったことはあります。特に「アンティーク」のお店は苦手でした。体全体が覆われるようなとても嫌なものを感じて、店に長くいられなかったことが多くあります。

主人の5年間の日本転勤が2000年代にありました。家族で東京のあるマンションに住んでいた時のことです。間取り的にもスペース的にも大変都合の良いマンションでした。しかしそこに住み始めると活力がなくなるばかりか、落ち込むようになりました。このマンション、何かがおかしい。私には見えないけれども、何か良くない「霊」がいるのではないか?と思うようになりました。

母の友人の紹介で、霊を払うことができる方と知り合いました。その方はタロット占いなど占いがいくつかできる人でした。早速マンションに来ていただき、その方が感じる場所を清めてもらいました。しかし状態はあまり改善されず、どうしよう?と思っていた矢先に真隣で建設工事が始まり、住みやすい環境ではなくなったため引越しをしました。新しく移ったマンションは、身体的にもとても快適でした。その方には他にもいろいろと占って頂きました。私の中で今でも覚えているのは、「あなたの進む道の先に大きくて高い壁があります。あなたには多分その壁を乗り越えることは難しいでしょう」とその方に言われたことです。この壁が当時は何だったのかまるでわかりませんでした。でも今思えばこの壁は、自分自身のことだったのではないかと観じます。

新しく移ったマンションに住んで暫くして、私はある方を通じてOリングをやっている方と出会いました。どうやらそのOリングは、凄く当たるとのこと。大変興味がありました。その時にどんなことを占ってもらったかは忘れてしまいましたが、過去世を清算してカルマをなくすことをやられていて、「これは好都合！　カルマの清算が今できるならやりたい！」って単純に思いました。ところが、はじめの頃はわかりませんでしたが、長く接していると、その人の傲慢さが見えてきました。その方の周りにはお弟子さんのような人達がたくさん集まってきていて、お教室のようなものをやっていました。その方はそのお教室で「次元が低い！」などと言って、上から目線で周りの人に対応していました。「自分は優れていて、凄い存在なのだ」と思っていたのでしょう。素晴らしい人間とは、どうなっても自分を「偉い人」と思わず「より謙虚に生きるもの」と私は思っていました。また、外では立派なことを演説しながら、実際自分の家族に対しては実践していない人たちを私は見てきました。生きているということは、仕事でも家庭でも全てにおいて本気で取り組むことだと思います。しかし世の中には、話が上手で情報や才能にも恵まれているけれど、「自分は?」「家族は?」それらに本気で取り組んでいるでしょうか?

アルコール依存症と鬱病

話は変わりますが、私はアルコール依存症でした。多分アルコールによって現実逃避をしていたのだと思います。お酒を飲むのは大学時代から好きで、お酒を飲んでディスコへ行って朝帰りは日常茶飯時のことでした。それがいつの頃からか、お酒を飲まずにはいられない状態が何十年も続き、挙げ句の果て昼間から飲むようになりました。このままではまずいと心の中で思いながらもなかなか止められず、おまけに鬱状態にも陥りました。主人は本当に優しく、子供もすくすくと成長してくれてなんの不自由もなかったのに、私の中には「何か大切なもの」が欠けていました。それが何かわからず、ただただ現実から背を向けて逃げていました。鬱になり精神科にかかり、入院もしました。入院は私が望みそうさせてもらいましたが、薬や入院では結局何も変わりませんでした。退院後家に帰るとまたお酒が欲しくなり飲み始めました。そんなことを繰り返していたある日、このままでは私は本当にダメになってしまう。なんとかしなければ……。そんな時、血液検査で肝臓の数値が異常に上がっていることがわかり、主治医の先生から即入院するよう言われました。私はなぜかその時、「これは私にとってチャンスかもしれない」と思いました。本来ならば一～二週間で退院でしたが、お願いして一カ月ほど入院させてもらいました。これは主人と息子、そして母のサポートがなければ適わなかったことです。家族のみんなが「元気になるまで入院していいんだよ」と言ってくれて。本当に迷惑をかけてしまいました。感謝してもしきれません。私は入院中に本気でお酒をやめる決心をしました。一カ月お酒なしで過ごした私は、退院してからもお酒を飲みたいと思うことなく、この入院をきっかけに完全にお酒を絶つことができました。そして鬱も自然と治っていました。口には出さなかったけれど、家族はとても心配していたと思います。そしていろいろなことに耐えてくれていたと思います。ごめんね。そしてありがとう。

私は40歳の後半になるまで、生きることとは何かを知りませんでした。自分の都合の良いように、見た目を着飾って高い宝石をまとい、そして誰かに何かをしてもらえないと歩いていけませんでした。表面的なことを一番大切と思って生きていたのだと思います。

全ては自分の中に

最終的に私は思いました。私は常に人に聞いて、人の答えをそうだと受け入れ、人やものに依存して生きてきただけなのだと。素晴らしいとされる先生がいたら飛んで行って話を聞き教えてもらう。霊媒師に祓ってもらう。もう本当に数多くの人たちと出会ってきました。私が腑に落ちないと思ったことのなかで一番腑に落ちなかったのは、素晴らしい先生たちが尊敬できる生き方を自分の家庭ではしていなかった、ということでした。「自我、欲を無くしましょう！」と言っている先生が、自分のプライベートではまるで正反対のことをやっておられるのをたくさん見ました。本当にびっくりです。言っていることとやっていることがまるで違うんです！

もう散々……と多くの道を歩いた結果ふと思ったんです。「人生において悟りを開くということが一番大切で、それが一番高いレベルなのではないか？」と。悟りについてはいろいろな本に書いてあります。百冊以上悟り関係の本を読みあさりました。その中のある本に、「自我、欲を捨てること」とありました。そしてその本には、「それはとても険しく、難しい道です」とありました。そのころの私は、人に頼ってばかりいてはダメだ。知識があってもそれを実践しなければダメだ、と強く思うようになっていました。自我と欲を捨てる作業は、私がやらなければダメ。他人に代わりにやってもらうことはできない。全ては私の中にあって、それには私自身が取り組む以外に方法はないんだ、とわかりました。そうなんだ、全ては自分の中にずっとあったのに、私が何もしなかっただけだとわかりました。

それからの私は、自分の自我と欲を無くす努力を始めました。心が一片の曇りもない状態にしたかったのです。そう決心した時から、いつも自分の感情を見ることにしました。というか、「カアッ」となった時に、「それ来た！」と自分の感情のみを見て感情を出さない。こんなこと言われてムカついたのは、言われた内容ではなく私に起こった感情で、それをしっかり見る。つまり、自分にはこんな感情があるということを知るということです。注意して見ていないと、出た感情に気がつけません。私がとった方法は、感情的になりそうな時に口にチャックをして耐える。自分が話すのではなく、人の話を聞くのみ。嫌いな人を避けるのではなく、向かい合う。

そうしたことをしている間に気づいたことがありました。それは私がいかに人の話を聞くことをしてこなかったか、いかに自分の目線でしか物事を見てこなかったか、いかに人に感情的であったかなどいろいろです。お恥ずかしい話ですが、食器を洗っていてお湯が熱すぎた時、「このぉ〜」ってなっていました。「熱い、この野郎！」です。そんな時は反応している自分の感情に向き合いました（向き合うというのは、その感情を自分が出している無駄な感情と素直に受け入れるということです）。

何しろ小さいことから大きいことまで、四六時中取り組み続けました。たまに夢でも実践していました（笑）。

これを一年ぐらい続けた時、精神と肉体に変化が起こったのです。まず食器を洗っていてお湯が熱すぎたのですが「このぉ〜」ってならなかったんです。結構自分ではびっくりしました。忘れていたんですね、こんな時にキレていた自分を。そして、今まで自分が嫌いだったり、苦手だった人たちにも「嫌だな」って感じなくなっていました。それどころか、今の自分はホームレスもやっていける、何が来ても平気な自分に変わっていました。これは私に起こった本当の出来事ですが、肉体が本当に軽くなったんです。道を歩いているのですが、歩くというよりはふわふわ浮かんでいて、いくらでも歩けるという状態が現実に起きました。気持ちよかったです。何事にも動じない精神と肉体を感じない肉体！　そんな体験をしました。

これがいわゆる悟りなのかもしれないと思いました。しかし空手の黒帯が頂点ではなく、その先があるように、悟りの先にもあるんです。悟りは出発点に過ぎず、その後もどこまでも続く終わらぬ旅です。私はこれが宇宙の仕組みなのだと思いました。自分に本気に向き合って生きることであらゆる学びがやって来て、またその次にやって来て……。私は生きることは「魂」が進化（成長）することなのだということを知りました。人生は学びと忍耐の連続！　私はこれらの体験を通して、本気で自分を変えようと忍耐し努力する人が「本当に生きている人」なのだと思いました。生きるということは、本気で自分を変えながらどんどん学び、それを実践することだと思います。頭に沢山の情報を得る学びではなくて、学んだこと、気づいたことをしっかりと実践することが重要ではないでしょうか？

主人の学び

最近の話です。主人は、ある有名なコンサルティング会社に37年間勤めていました。アメリカ人にとって、同じ会社にこれ程長い年月働くのは珍しいそうです。アメリカでは、自分にとって更に実力を伸ばせる方法を選ぶのが普通で、そういうチャンスがあれば転職し、更なる出世コースを選びます。主人にも多くのヘッドハンターから、より上のポジションで収入も驚くほど高い条件の話がきていましたが、彼は転職を考えませんでした。「どうして？」と聞くと「今の会社と、そこで働く仲間が好きだから」と。年の4分の1以上は海外出張で、朝はまだ他の社員が出勤しない時間に出社し、高熱を出して不調なときも、着替えて仕事に向っていました。しかし、家族との時間はいつも最優先でした。夜遅くならないようにと、その分朝早く仕事に行き、夏休みは忙しくても家族旅行へ行っていました。

最近のことですが、あるオンライン講座で、主人が話している内容を聞いて実感したことがありました。それは、方法は違っていても、私も主人も人生において本当に大切なことは何か?を学んでいたということです。

少々、主人の話した内容を私なりにまとめて抜粋してみました。オンラインで彼は、「コンサルティングとは何か？」そして、将来この道に進もうとしている若い人たちに、自分の経験から最も大事なことを話していました。その一つに、「真のリーダーとは何か?」というのがあり、それは、「部下一人一人の長所や短所を受け入れ、どうすればその人の長所を活かせるか?　そして短所を長所に変えられるか?　それをするには、自分だけの出世や単に目標達成するためだけに表面的な努力と成果を上げるのではなく、グループが本当の意味で一丸となってプロジェクトを成功させることだ」と言っていました。自分本位になって自分の思うようにやり、部下を心からわかって受け入れていないのは、真のリーダーではないそうです。また、国によって文化が違います。自分の国のやり方を通そうとしても、国によっては受け入れてもらえません。その場合彼は、例えば日本人と仕事をしなければならないプロジェクトがあると、まずすることは日本人を知ることだそうです。そして会議の後に「自分のスピーチは、日本人には受け入れられただろうか?」と、親しくしていた日本人の同僚にフィードバックをもらっていたようです。アメリカでは何か言いたい時は、それをダイレクトに表現します。

例えばジムと言う人の評価を求められたとします。アメリカでは「ジムの長所は分析力があり、人を管理する能力がある。一方短所は仕事が遅く周りとのコミュニケーションに乏しいこと」。これを日本人が評価した場合は「ジムは会社で15年間の経験があり、3カ国の金融関係で仕事をした経験がある」。アメリカではジムの長所と短所をダイレクトにそのものズバリですが、日本ではジムが何をしてどこに居たか、などを述べただけで長所と短所は、わかりません。このように日本ではジムの長所と短所が明確にわかるまでに時間がかかるそうです。

また、日本では会議では結論が出なくて、お酒を飲みに行って初めて本音がどんどん出てきて、本当は何を思っていたのかがわかる。仕事の解決策の出る場所が会議室ではなく飲み屋さん、と言うケースも多かったようです。このように、国が違うと文化が違います。どちらが良い悪いではなく、違う文化で暮らす人間は、自分の文化で暮らす人間とは違います。「相手を知ること」と「受け入れること」は、ビジネスにおいてもとても重要なことのようです。要は、自分の「我」を通すことには無理があります。

それと主人はこうも言っていました。仕事は「人生」ではなく「人生」の中に仕事がある。だから仕事に呑まれてはならない。どんなに忙しく山ほど仕事があっても、必ず家族との時間は作ること。家族がいての自分であって、仕事があっての家族ではないこと。休みを取ること。気分転換をすること。自分の管理をすること……これは精神的にも肉体的にも両方をやること。主人は、少ない自由時間の中、朝早く起きて走ったりしていました。週に一度でしたが、空手もできるだけ続けていました。「忙しいからできない」というのは彼の頭にはなく、「ではいつ何ができるだろう?」という方法で体作りをしていました。超忙しい中でも夏休みは必ず取り、家族旅行を毎年していました。どうしてもやらなければいけないことは、旅行中にでも夜中に起きて電話会議をしたり、みんなが寝静まったあとに仕事をしていました。しかし不平は一言も言わずに、旅行は最大に家族と楽しんでいました。主人の中で仕事はできても家族ができていないのは、本当の「できる人」ではないそうです。

他にもいろいろなことを話していましたが、私がこのビデオを観て思ったのは、主人はビジネスを通して、私は自我と欲を捨てる作業を通して「生きるということ」を学んだのだということでした。彼の素晴らしいところは、仕事を通して学んだことを日常生活でも活かしていることです。決して主人を自慢しているのではありません。一人の人間としてそう観じているだけです。「魂で生きる」ということは、「自我と欲」や他にも不必要なもの（例えばプライドであるとか）があると、それらに流されて、本来の自分の歩むべき道が見えなくなります。いつの間にか私たちには、不必要な荷物がどんどん増えて、本当はそれが苦しいはずなのに、それすら気づかずに生きています。そして、自分に都合の良いものだけを選択して自分を大きく偉く見せ、人をけなし、自分はよしとし、悲しみ傷つき、そして自分を守るために戦います。本当にこれで良いのでしょうか？　変えなければならないのは、実際に起こっていることでも他人でもなくて、自分の意識なのではないでしょうか？　この目に見えない「意識」こそが、どれほど強く素晴らしい振動波で周りの全てに影響していることを、科学的に証明できないから無視しても良いのでしょうか？

主人にオンライン講座を観て私が思ったことを伝えました。「違う方法でも、『生きるとは』という学びを私たちはしたんだね」と。私も嬉しかったけど、主人もとても喜んでいました。生きるということは、「魂」に通じる行動と実践をし続けるということではないでしょうか？　魂に通じるということは、「我」や「欲」を捨て、自分の前にあるものを「真の目」で見ることではないでしょうか？　そして、その目で発見して、それを活かしまた実践し続けることではないかと思います。

真の自立に向かって

私は自身のアルコール依存症や、鬱の体験のことをここで書くことにしました。

ここに書けないことはまだありますが、私はごく普通のしかも、過去にそんな状態だった人間にもかかわらず、「自我と欲」に取り組んだことで多くの発見をしました。沢山背負っていた無駄なものを一つ一つ無くして軽くしていくと、今まで見えなかった世界が見えるようになっていきました。「生きる=魂の実践」なのだと、そこをやらなくては「魂」は学ぶことが困難になるのだと思います。私みたいな人間がそこに気づき、本来の生きるを知ったのですから、どなたにもできます。特別な人は一人もいません。頭で納得して進む方法をせず、「これやってみよう」と思うことを実践し続けてみてください。そして、「その後はどうなるのか？」の答えを、誰かに質問して聞くという今までのやり方をとらずに、自らその答えを「発見」してみてください。これは他人にはできないこと、本人にしかわからない感覚を必ず味わうことができるはずです。実践し続けることによって「自立」できる大きく強いものが自分の中に生まれて来ます。多くの宗教には、とても素晴らしい教えがあります。たとえその教えが頭にはあっても、どれだけの人達がそれらを日々実践し続けているでしょうか？　この実践は寝ている以外どこでもいつでもです。「隣人を愛せ」を実践し続けていれば、宗教内外での争いはないはずです。今コロナ渦の中、ヘイトクライムが世界中に広がっています。この中には「隣人を愛せ」を唱える宗教をやっている人達も沢山いるでしょう。教えを実践することを忘れているからです。敵を倒すは「隣人を愛せ」の真逆です。でも平気でそれをやっている、素晴らしい教えを実践していません。

話は変わりますが、私は喜怒哀楽が激しい人間でした。多くの人達を傷つけ、悲しませました。そして沢山の人達の姿や生き方を見させてもらい、それによって成長させていただきました。私にとって全ての人は先生です。なぜなら、どんな人からも、何かを学ばせてもらっているからです。私の嫌な感情が出て来た時やその人によって、「まだまだだよ、あなたは！」って教えられます。人生は忍耐と学びの連続だと思います。得た知識や容姿やお金は、死ぬときに持って逝くことはできません。でも自分自身が発見した「なるほど、そういうことなんだ！」は、言葉では表現できないけれど、魂には届いていると思います。そしてこれは、誰か他の人にお願いしてやってもらう訳にはいきません。

長々と書いてしまいました。この本では私の体験したことや、私が選んだ方法での「自我と欲」を無くす「話」を書かせてもらいました。何か一つでも取り組んでみようと思われて実行され、ご自分で「なるほど！　そうか！」という感覚を沢山発見されたら、本気で「生きる」ということの意味は、いつか誰にだってわかるはずです。私と主人はまるで違った方法で「本当に生きる」ということを知りました。だから、ギャッチ郁子流にやらなくてもいいんです。やり方は違っても間違いではありません。ただこの本を手に取った方の一人でも多くの方々に、「実践すること以外の方法はない」ことを知っていただき、そして日々の「自分を変える」実践を忍耐強く続けられ、ご自身にしかわからない様々な発見をしていただければと思います。私は「魂」は永遠だと思っています。もし「魂」が永遠に続くのなら、今の自分の人生の先を、次を見て、今与えられた人生が「魂」の成長に繫がるものにしていきませんか？　この本が、一人でも多くの方の「実践」のお手伝いになれば嬉しいです。

無償の愛の話

Unconditional Love

愛にはいろいろな愛があります。
愛の中での真実の愛が無償の愛です。
この愛は自分の我と欲がありません。

自然とどんな相手でも受け入れられて、相手をわかってあげられる状態が基本です。本当の自分対本当の相手。全ての人を好きにならなくても良いんです。でも嫌いになる必要もないんです。キリスト教や他の教えに「隣人を愛せ」というのがありますが、これができていれば、宗教戦争なんて起こるはずはないんですよね。

私達は自分を基準に判断をします。これは決して悪いことではありません。でもそれならば、相手の基準も受け入れてあげなければならないですよね？　相手にも基準があるはずですから。例えば、「私はブルーが好きで、妹はピンクが好き。私は妹がなぜピンクが良いのかわからない……。だってブルーの方がいいに決まってる！」そうではなくて、「私はブルーが好きだけど、妹はピンクが好きなんだな」って相手を受け入れてあげられなければ、無償の愛は学べません。こだわってはダメなんです。それだったら私もできるよ！　簡単だ！と思われるかもしれません。

　ではこれはどうでしょう？　私は礼儀の厳しい家庭で育ちました。だから挨拶はきちんとするのが当たり前です。ある日、ある子が挨拶もろくにできなかったことに対して、私はムカッとして、こんなことを思いました。「この子の親はどんな教育をしてるんだ！　ちゃんと躾をしないとダメだ！」。これはブルーとピンクよりも難しいですよね？　どんな場合もこの例のように、自分を基準に人を批判しないことがとても大切だと思います。

　無償の愛は家族で学びやすいです。自分の子供は可愛いです。兄弟姉妹、親は大切です。家族の一人一人を受け入れて、自分との違いを受け入れて、その上で接することは無償の愛の始まりではないでしょうか？　そして人は、一人では生きていけないことに本当に気づけたら、「無償の愛＝感謝」になると思います。「自分はこんなに愛しているのに……」は無償の愛ではありません。尽くし続けること、与え続けることも無償の愛ではないんです。「愛されなくていいから、私は愛し続ける……」これも違います。このようなことは、自分を満足させていることに満足をしているだけです。無償の愛は、そんなことにこだわりません。もっと自然にシンプルで柔らかいものです。無償の愛は、見返りを願うことがありません。それぞれが自分と同じように生きています。それをしっかりと本当に尊重できることが大切です。

息子と無償の愛の話をしてたら、こんなことを言ってました。無償の愛は自分がやっていると思うのではなく、周りがそう観じるのが本当の無償の愛ではないかと。

これを書いていて気づいたのですが、多分私は、自分の自我と欲に取り組んでいた時に「無償の愛」も学んでいたんだなと。

こだわりの話

Story of Letting Go

39　こだわりの話

日常生活の中でみなさんはどれだけ物事に対してこだわっていますか？

とても不愉快な出来事があったとします。その不愉快さは何日ぐらい続いていいますか？　例えば、「あの人はずるい人」にこだわっている人は、多分かなり長い間それが自分の中にあると思います。

あるずるい人がいました。あなたはそのずるい人にこだわり続けます。その先入観があるのであなたは、その人は「ずるい人」としかみられません。その人と話すたびにあなたは、「本当にこの人ずるくて嫌だな」ってそこに嫌いが加わりました。「ずるい人」にこだわっていると、あなたは色眼鏡を掛けなければその人を見ることができません。ずるい人を「もういいや～。ずるい人ならそれでいいや～」と、こだわりをなくすことによって、大分楽になると思います。

いろいろな勉強をするのは大いに良いことだと思います。でもここにまたこだわりがあるんです。「こうしなければいけない。だって、本にはそう書いてあったし」などなど。そう、だからこうしなければダメだと思っているんですよね？

自分の知識となっているものは単なる知識であって、自分のものではありません。私は思います。知識がありすぎて、結局は何もできない人も多いのではないかと。

学びは実践してこそ、初めて自分のものになります。知識が多くても本当の自分にはなってはいません。それを活かすことがとても大切です。反省をしても、それを活かさなければ本当ではありません。反省は自分の気休めでしかない場合も多いからです。

学びを実践することは、とてもシンプルなことで複雑ではありません。何も知らなくてもできちゃうんです。いろいろな知識がなくても、その人の行動で学びは活かされます。

出来事に対してあるがまま――、そのまま受け入れます。ここには感情を入れません。「ずるい人」をそのまま、そう受け入れます。そう「あの人、ずるい人なんだ」って。これでおしまい。「ずるくて、嫌いだな～」は入れません。そのままを受け入れたら、次はそこにこだわらないことが大切です。いいじゃないですか、その人ずるくたって。私にだって嫌なところ沢山あるし！。

大事なことは、次にその人と接する時に、そのことに「こだわらない」ことです。次に接した時に、まだ「この人はずるい人だな」って思ったら、それをその時点で、あるがまま（そのまま）に受け入れればいいんです。でもこだわらないので、その人をそのまま受け入れられます。今日のこの人は、どんな人だろう？って。「ずるい」のレッテルは外します。こうやっていくと、そのうちに「もうどうでもいいや」となります。あの人はずるいけど、それがなんなんだ！って。そうなんです、いいんですよ、ずるい人もいて。何事もこだわるのはやめましょう。こだわっているから、そこの場所から動けないんです。手放して別のところへ行きましょうよ。

それから、自分のこだわりを捨てるのが大変な人は、まずこの話で書いたような言動や行動をする人を思い出すか、接するかしてみてください。自分自身のことは見えないけど、相手のことはよ～く見みえるでしょう？　このまさに自分のことは棚に上げて、をやってみてください。そして実は、自分もやっていたことに気づいてください。「全ての人から学ぶ」ということに気づいてください。「自分が嫌だな！」って感じたことは人にやらない。それが誰であっても！　この意識（姿勢）でいると、もしかしたら難しいと思っている人も、簡単にできるかな？

恐怖と心配の話

Story of Fear and Worry

何かの状況の中で「もしこうなったら、どうしよう？」は、はっきり言って無駄な思いです。心配したら物事が良くなった、と言う話は聞いたことがありません。

恐怖や心配は不必要です。もしこれらの感情がやって来たら、「捕まえた！」と、心で言って本気で捕まえてください、避けてはダメです。

私は三年前に乳癌の手術をしました。私は普段から恐怖心をほとんど持たないし、心配もほとんどしません。いつの頃からか、これらが私の中から消えていました。何が起こっても動じない状態でした。マンモグラフィーで異常が発見されて、その後すぐに組織検査をした結果、癌でした。私は久し振りにある体験をしました。癌だと告知された時に、恐怖を感じたのです。一瞬でしたが、恐怖と心配が一気にやってきました。この時の自分の感情にびっくりしました。そして思いました。「あぁこの状態が、皆さんが体験する恐怖なんだ」って。多分普通は、この時点から沢山の恐怖と心配をし続けるんだろうなぁ～。これらを背負って生きるのは大変だろうなぁ～って思いました。だって凄く怖い振動波だったから。

私はその後手術を受け、とても小さい癌だったので無事全摘出していただき、転移もありませんでした。その後放射線治療を二ヶ月ほど受けました。放射線治療は必要ではないと思いましたが、お医者さんも家族にも勧められ、拒否するよりも、治療を受ける方が自然の流れと観じ、そのようにしました。私の中にはこの「一瞬の恐怖」の後には、怯えることもなく、やることをやったという観じです。

私達の人生は、何が起こるかわかりません。コロナも人種差別の暴動も。誰も二〇二〇年にこのようなことが起こるとわかっていませんでした。友人や家族の死だって、計画したその日に死ねるわけではありません。突然やってきます。人間だから、悲しむのは当然です。怖かったり、心配したりします。これが悪いのではありません。

問題なのは、「もしこうなったら?」という思いです。何かの状況の中で「もしこうなったら、どうしよう?」は、はっきり言って無駄な思いです。心配したら物事が良くなったと言う話は聞いたことがありません。恐怖や心配などの感情の元は「自分が悲しみたくない。もっと生きたい」などといった自我と欲が作っている状態です。

今を生きるということは、過去と未来を考えるのではありません。出会うかもしれないことを恐れ、心配することではありません。

もし私が乳癌とわかってから、恐怖と心配の毎日を送っていたら……。結果は同じかもしれないけど、その間の私の毎日は恐怖と心配で溢れていて、それがまた新たな恐怖と心配を引き起こしていたと思います。そしてその時間できたことが、できなかったと思います。皆さん、一つ一つ荷物を置いて、背負っているものを軽くしませんか？　荷物は多いより少ない方が楽です。恐怖や心配は不必要です。もしこれらの感情がやって来たら「捕まえた！」と、心で言って本気で捕まえてください。避けてはダメです。何回も何回も「捕まえた！」をやっていると、いつか、恐怖や心配が馬鹿げてくると思います。忍耐強くその時に自分を捕まえてみてください。何度も何度も、忍耐強く。きっと新しい発見がありますよ。

もう一つ、この話を書いたあとにあったことを少々書きます。

私にはニューヨークでこの数年の間、とても親しくしているお医者さんがいます。その先生とは頻繁にいろいろなことを話しています。

「恐怖と不安の話」を読まれた後に先生が教えてくれました。「郁子、恐怖を感じるのは悪いことばかりじゃないよ」って。どういうことかというと、恐怖を感じたために、その場から立ち去ることができて助かったってこともあるよねって。

「いいことを言うな～」って思いました。直観＝恐怖＝良くない場所、直観＝恐怖＝身の危険……こんな観じでしょうか？　こんな考え方もあるんだなぁ～って、とても勉強になりました！

お金の話

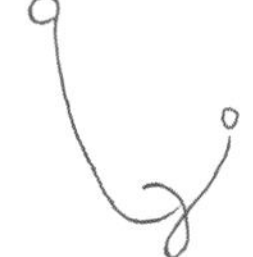

Story of Money

お金って凄いエネルギーを持っていると思います。
私は、お金はエゴの文化の特徴の大きな一つだと思います。

お金は人を変えます。

生まれてから死ぬまで、「お金」という見えない鎖に縛られている……
ことさえわからない。

地球のお金は、「本当の感謝＝お金」ではない多くの負のエネルギーが
入っているように思います。

私にできることは「生きたお金を使う」ことです。

お金って凄いエネルギーを持っていると思います。世界中の人が多い少ないは別として、お金を所持しています。これは私の書ききれない大きな問題だと思いますが、私の思っていることを書かせてもらいます。

私たちは何のために生きているのか？　お金を稼がなければ生きていけません。だって世の中「お金」なんですから。私は、お金はエゴの文化の大きな特徴の一つだと思います。なぜお金持ちと貧乏があるのでしょうか？　同じ人間に生まれてきて、なぜ平等ではないのでしょうか？　もちろん学びとして「貧乏に生まれてそこで学ぶ」と、魂が決めてきたのは事実です。一人一人の学びのテーマはそこにあります。でもこの地球は不公平です。お金持ちはどんどんお金が入ってくるような仕組みですよね？　銀行に預金をしても、お金が多い人には、高い利息が入ってきます。

ところがお金が少ない人のには、大した利息は付きません。こんな不公平な決まりがこの地球にはあるのですが、殆どの人は、お金に支配されていることに気づきません。良い高校に入って一流大学を卒業する。これってどうして？　だって、そうすればお金が稼げるし、一流企業出は給料がいいから。そして沢山貯金して高級マンションに住んで、老後は海の見える家を買って、自分の好きなことをして、そして死にたい。こんなことを思っている人沢山いると思います。別に悪いことではありません。ただ地球の仕組みの中で、それなりにやっているだけですよね？　その中でいろいろなことを学び、魂を成長させることは大事です。それでいいのです。

でも私は思うんですよね。「もしお金というものがない社会だったら？」ちょっとこれは行き過ぎだから、これではどうでしょう？「皆んな平等にお金を稼げたら？」

ある人がいます。この人は教師になりたかった。でも教師の給料は悪いから、株の勉強をしてそういう会社に入社しました。その会社の給料は、教師と比べてはるかにいいのです。でももし、世界中の人たちが平等にお給料を貰えたら、きっとその人は教師になっていたと思います。中には「私はこんな仕事をしたくないし、平等にお金をもらえるならやめたい!」こんなことを思う人も出てくると思います。その人は自分に合った、そして自分ができることをすればいいのです。それができなかったら、今の仕事を一生懸命やりましょうよ。だってみんな平等にお金をもらっているのだから……。

アメリカには、チップ制度というものがあります。このチップはお金でありがとうを表します。「ありがとう」のエネルギーが入っているチップも沢山ありますが、一方で、決まりだからしかたなくチップをあげる人も多いのではないでしょうか? お金は人を変えます。ニューヨークでタクシーに乗ります。挨拶もしない、行き先を行っても答えずに、嫌そうに運転しています。一言も話しません。そのドライバーに、降りる時にチップを多く手渡すと、どうでしょう!「ありがとう! 良い一日を過ごしてね!」っと。チップをもらって初めてニコニコして話すんですよ。こんなこと再三です。こういう複雑なエネルギーがお金には含まれています。私は「お金制度反対！」と、デモをしようとしているのではありません。

国のトップになって、リーダーになって、国をまとめなければならない大切な役割がある人達なのに、それをしていない政治家が沢山います。貧乏な人達の中に、仮に本当のリーダーがいたとしても、その人達は選挙に当選できません。大きな理由の一つがお金でしょう。お金が必要なんです。お金持ちに、どんどんお金がたまるシステムになっているから。そんな人達はなろうと思えばその国のトップにでもなれるんです。お金と地位と名誉、このセットは大変魅力的なようですね。この地球ではお金がものをいうようです。

今回の「お金の話」は、それぞれの学びのテーマは別として書かせてもらっています。私にとってこの地球のお金は、人々を繋いでおく鎖のように観じます。そして、お金が人々の意識に大きく作用していると思います。「井の中の蛙」ということわざは、私たち地球人に当てはまるのではないでしょうか？　生まれてから死ぬまで「お金」という見えない鎖に縛られている……ことさえわからない。この世界しかみられない。そして疑問にも思わない。果てしなく続く空の向こうに、また広い世界があることを実感できない。私は、人の心さえ奪うことができる「お金」という制度に疑問を持っています。今の地球人には本来の「お金」のエネルギーのやりとりができないと思います。地球のお金は、「本当の感謝＝お金」ではない、多くの負のエネルギーが入っているように思います。

私にできることは「生きたお金を使う」ことです。お金というシステムがあるならしかたがない。ではどうする？　買い物に行って、商品が高かったといって文句を言って、ちょっと怒ってお金を出す。その時お金は、負のエネルギーを受けます。結婚式に招待されてお祝いを包む時、「これでいいや。これ以上はもったいないな」など、これもお金のエネルギーになります。「おめでとうの気持ち＝お金、」必要なものが手に入って、「ありがとう＝お金」こういうのが本当のお金に対する感謝ではないでしょうか？　貯金をしているお金にだって、このプラスのエネルギーは浸透します。嫌々出すお金には、負の意識が含まれます。できたら今日から、「お金＝感謝」という意識に変えてみませんか？　そして「井の中の蛙」にならないように、お金に縛られ続けて生きることより、日々の自分の意識と行動をまず大切に実践してみませんか？　肉体を去る時に持っていける、大切な魂の成長をやりませんか？　残念ながらお金は持っていけません。

小さくて大きな私たちの話

Story of Your Place in the Universe

自分は宇宙からすると点・より小さいと思ってみては？

地上にいる私達は、この小さな・の中で悩み苦しみます。

この小さな・が宇宙を作っている大切な、大きな存在なんだと思うんです。小さな・が連鎖してどこまでも伝わっちゃうんですね。

ある人と話していて、「これを書こう」と、ふと思いました。

私たちは目で見る範囲が限られていますよね。自分の姿だって鏡でしか見られません。横から見たらどう見えているのか？　後ろ姿はどうなんだろう？　周りの人にはそれが見えます。でも周りの彼ら達は、自身の姿を見ることができません。

ある人がいろいろなことで頭が一杯になっている様子だったので、「もう何も考えないで、自分は宇宙からすると点・より小さいと思ってみては？」っと、伝えました。

飛行機で離陸する時に、窓の外を見る人は多いのではないでしょうか？　まず離陸すると飛行場から見る景色がだんだんと小さくなっていきます。そして歩いている人が見えなくなり、車もだんだんと小さく、小さくなって……。そして、町や村が集まっているのが見えて、最後にはそれも見えなくなり、雲の中。

私達を小さな小さな点・に例えたとします。地上にいる私達は、この小さな・の中で悩み苦しみます。ちょっと自分が飛行機に乗って外を見たときのように、そしてさらに地球を離れて自分を探して見てください。見つかりましたか？　・？

そうなんですよ、・は見えないんですよね～。そのくらい小さい存在なんです、私達。でもその小さな・の中が大変なことになっているんですよね～。怒り、悲しみ、不安、などなど。

もっと大きな視野で見てみませんか？　一旦自分の悩んでいることを全て隣に置いて、飛行機に乗ってみましょう、実際ではなくて想像しましょう。そして雲の中に入ったら、どんどんその上を想像しましょうよ。宇宙の写真は誰でもみたことあると思うので、地球が見えるところまで行ってみましょうよ。ほら、東京の街やニューヨークの街も見えなくなりました。もちろん自分は探せませんよね？

私達は広い宇宙の中に存在しています。全ての存在が小さい・なんです。そして人間はその・に一生があります。日常では観じられなかった何かを観じられましたか？

でもこの小さな・が宇宙を作っている大切な、大きな存在なんだと思うんです。小さな・が連鎖して、どこまでも伝わっちゃうんですね。だから全ては直接ではなくても、間接的にみんな繫がっているのだと私は思います。だから宇宙的に言えば、決して私達は一人ではありません。

私達のバックには大きな宇宙があります。小さな私と大きな私があります。小さな私は現実にいる私で、大きな私は宇宙の一部の私です。あと、ミクロの世界から見たら人間は大きいですよね？　体のあらゆる細胞が動いてくれているお陰で、私達は生きられますよね？　細胞が人体と繫がっているのと同じように、私達は宇宙と繫がっています。

だから、大変な時もあるけど、できるだけおおらかに歩いて行きましょうよ。宇宙から見えない私達、こんなに小さい・の中でもがくのはやめましょう。ほら、以前より簡単にできたでしょう？　悩みも心配事も、自分のプライドもなんかバカらしくなりませんか？

思い込みの話

Story of False Prophet

傲慢さを作っているのは、「私は人ができないことができる」という、もちろんプライドですが、元は「思い込み」からきているのではないかと思います。

自分ができると思い込んでいることは、本当の自分ではない場合があると思います。

淡々とやっていたら、「自分ができた」ことは、すぐ過去のものになってしまうので「自分ができた」ことを忘れてしまいます。

もう随分昔の話ですが、こんな体験をしました。ある女性の話です。彼女は何というのでしょうか、見えない物が見えたり、感じたりする人で、沢山の人達が彼女の周りに集まっていました。彼女のやり方は「過去世」を解いていって、今世でのカルマを無くすようなことをしていました。彼女のことをこれ以上詳しく書くのは控えさせていただきます。

私は、その人とあることをきっかけに知り合いました。何回も心よく相談にのってくれて、はじめの頃、私はその人の傲慢さに気づけませんでした。いろいろなことが見えてわかって「凄い」って思っていました。カルマを簡単になくせるなら、そうしたいなどとも思っていました。今まで出会ったことがないやり方だったので、これが「真実」なら凄いと、思っていました。

ある時、初めて個人的ではなく、彼女を囲んで行われた「勉強会」に出席しました。二十人以上はいたでしょうか。輪になって行われました。会場に入ったとき「何か変！」って観じたのを覚えています。でもそれはすぐなくなっていました。その勉強会では、その日の何人かの過去世を紐解いていったと記憶しています。個人的に会っていた時はまるでなかった「傲慢」な部分を、勉強会では見てしまいました。それ以外にも、何回かこういう勉強会のようなものに出席しました。そして私は「これが私の求めていたもの？」と疑問に思うようになりました。ガンガン上から目線で、「あなたはレベルが低い！」と怒っていました。いろいろなことがありました。

傲慢さを作っているのは、「私には、人ができないことができる」という、もちろんプライドですが、元は「思い込み」からきているのではないかと思います。「思い込み」もやっかいです。自分ができると思い込んでいることは、本当の自分ではない場合があると思います。その思いを「続けて」持ち続けている、だから自分の一部になってしまい、それがプライドとなってしまうように思います。

「あぁ、自分はこんなことができるようになった！」と素直に喜ぶのは悪いことでは決してありません。でも本気で学びを実践していないと、「これもできる」「あれもできる」

「これはできた」……なんてことになります。そして自分ができていると「思い込んで」しまいます。何と言ったらいいのでしょう？　淡々とやっていたら「自分ができた」ことは、すぐ過去のものになってしまうので、「自分ができた」ことを忘れてしまいます。次から次へとやってくる学びに対して、「自分ができた」と思う場所にはもういないからです。うまく言葉で言えません。

私は多くの人の中に、この「思い込み」を見ます。生きること、存在するということは進行形ですから、終わりがありません。良い方向にも悪い方向にも変化し続けます。

私はこの女性との出会いで「思い込み」が、どれほど本来のものとは違っているかを学びました。もしこの方との出会いがなければ、もしかしたら私も「人とは違ってこんなに偉いんだ」と、思っていたかもしれません。人間、「自分が人とは違ってこんなに凄いんだよ」って簡単に思い込み、そして、その偉い自分が、上から目線で人に指図することが簡単にできてしまうと思います。私はこの方によって、そのことをこれでもかというほど見せられました。私は本当に心から彼女に感謝しています。今の私は、彼女なしにはあり得なかったかもしれません。

あるがままにの話

Story of Live As Is

あるがままに受け入れる。そのままを受け入れる。

これはどうすればいいのだろうか?とやり方がわからない人達もいるのかなぁ?

それで少し書いてみます。

あるがままは、「そのままを受け入れる」ということは、そこに自分の意見や感情が一切入らない状態だと思います。例えば、ある人があなたにこう言いました。「あなたって本当に馬鹿ね！　こんなことも知らないの？」って。あなたはこれをどのように処理しますか？

（1）私って本当に馬鹿なんだ＝悲しい

（2）このやろう！　なんてやつだ＝怒り

（3）そっか、馬鹿か＝納得

（4）この人は私のことをバカと思っているんだ＝その人の言葉を受け取るだけ＝こだわらない

まだいろいろとあると思いますが、私の頭に今ふっと浮かんだのは右の四つです。何事にも感情が発生したり、そんなことはあり得ないと、相手を批判したりする状態は、あるがままを受け入れていないということです。あるがままはそのままです。

（4）は淡々とそのことにこだわらず、あるがままに受け入れています。それで「こんなこと」って何だろう？　そっか、この人ある政治家の話をしているんだ。私はこの政治家のことをよく知らないなぁ〜。でも知っておくことが大事と観じるから調べてみよう。こんな機会を与えてくれて、ありがとね！　そして、その人はその政治家のことを学びました。このような学びもできます。

（1）馬鹿だと言われて、落ち込み悲しむ人は、どんどん落ち込んだりします。「私はこんなことも知らない。あんなことも知らない」と、落ち込む方向に行ってしまい、ますます落ちみます。

（2）「このやろう！　俺のことを侮辱したな！」この怒りが他の怒りも巻き込んで、その人の体の細胞の隅々まで怒りが走ります。でもこの人は怒りの振動波に慣れているため、マイナスのエネルギーを受け取っていることがわかりません。

（3）馬鹿を納得した人は、それから必死にいろいろなことを学びます。これは悪いことではありません。でも知識が全てで、いろいろなことを知っている自分が「偉い」と勘違いした意識を持った時点で、エゴの方向へ向かいます。もしその人が知らなかったことに興味を持って調べて、「そうか！」って単に思ったとします。自分は偉くなったという意識を持たずに、「なるほど」で終わったら、こんなチャンスを与えてくれてありがとうです。

「あるがままに」ができない人は、自分の先入観と感情を入れてしまい、そのままを受け入れられません。例のように、もう本当にそのままを「そっか～」と受け取ります。また、人とのやり取りの例の他には、出来事がありますよね。

出来事の例を挙げると、息子が会社をクビになったとします。多くの人はそれを聞いて、まず心配の感情がきますよね。それから、「なぜ息子が？　そんなバカな！　何をしたのかしら？　今後どうするのかしら？」このようなことがよぎるのでないでしょうか。

ではあるがままはどんな？

そのまんま。

「息子が会社をクビになったようだ」まずこれだけ。その次に、もちろん、「なんで？　どうしたの？」って聞きますよね。そしたら息子さんが答えました。「大きな取引でミスをしてしまった」と。これをまた「あるがまま＝そのまま」受け取ります。「大きな取引でミスをしたらしい」。これだけ。感情（心配）は入りません。ここからは、いろいろな展開があり得ますが、息子さんの話を聞いてあげましょうよ。「あるがまま＝そのまま」に。そこであなたが何か助けてあげたり、助言してあげられるとしたなら、そうすればいいんです。

「忍耐と我慢の話」で書きましたコップの例のように、砂が風に吹かれるように怒りが消えていく……。これは、たとえ怒り（他の感情も）が自分の中に入ってきても、数秒後には自分の中から「フワッ」とそっくりそのまま外に出ていく観じです。上手く言葉で言えないものばかりで申し訳ありませんが、「あるがまま」を受け入れるだけで、最終的には感情が揺さぶられなくなります。

小さな子供は、日常の出来事を「あるがまま＝そのまま」に受け入れていますよね。小さい子ができて、大人のあなたができないのはなぜか？　小さな子供の頭には多くの知識もなく、また感情も大人のようにありません。だから素直に受け入れているだけなんです。受け入れるしかないんです、小さな子供達は。大人はいろいろなことを知っている分、「あるがまま＝そのまま」ができないのではないでしょうか？

今日からあなたも小さな子供に戻ってみませんか？　そしたら、「あるがまま」

がしやすくなるかもしれませんよ。

最後になりましたが、書いた方が良いと思ったので追加しますね。「あるがまま」で相手を受け入れることは、自分も「あるがまま」をやると言うことです。ここで間違えてはいけないのは「あるがまま」と「わがまま」ではその内容がまるで違うということ。わがままを漢字で書くと「我が儘」で自分本位、すなわち我を通すということです。これをあるがままと勘違いされる方もいるかもしれませんが注意してください。あるがままなんだから、なんでもありで、良いんだよね〜。これは違います。この章で触れたようにあくまでも「そのまんま」なので感情が入ってない状態で、相手に「そのまんま」を伝えるだけです。

悲しみの話

Story of Sadness

「悲しい」って何が悲しい？　と、問いかけてみてください。自分が可愛そうで悲しんでいるのかもしれません。

私はある日「決心」したんです。「もうこれはやめる」って。その決心があって行動をした結果、変えることができました。その当時は、何もわかっていなくて生きていたけど「決心」して「行動」すればできるんだ！って思いました。

魂は永遠に続く。だから本当は、死はまた次の始まり。生まれるということは必ず死ぬということです。そして死は、必ず生まれるということです。

家族や親しい友の死は本当に悲しいです。

この悲しみをやわらげてくれるのは時間しかありません。悲しみが長く長く続く人もいます。人間、これはしかたがないことです。

私は二十数年前に、ニューヨークで父を脳梗塞で亡くしました。ある朝急に倒れてしまい、救急車で病院に運ばれました。一時は、「もしかしたら……」のチャンスがありましたが、入院中にさらに出血し、その後数週間なんの反応もないまま、息だけをし続け、数週間後に息をひきとりました。

父が倒れた時に私は「こんなことが私達家族に起こるはずがない。どうして?」と、思いました。その時私は、「全てを捧げるから、父を助けてください」と願い続けました。

父が亡くなった後、悲しみが消え去るのに何年もかかりました。私は幼い頃から父と一緒にいろいろなことをして、沢山の思い出があります。私は父の生き方が好きでした。医者をしていましたが、高ぶることなく、本当に周りの人達全てに平等な人でした。父の考え方は、他の医師とは違いました。本当にするべきことを優先していた父なので、患者優先で、お金優先ではありませんでした。医者の社会では窮屈な思いも沢山していたようです。

私はこんな父が大好きでした。その頃は、医者の娘は医者の息子と結婚させたいのが普通でした。でも父も母も一度も見合い話も持って来ず、「好きなようにやりなさい」でした。初めて主人を紹介した時に「お前、あいつはいいやつだよ」と、外国人で、しかもどこで働いていて、どのくらい稼いでいるかとか、そんなことは全然聞かずに。父にとってそんなことは関係がなかったんですね。主人という人間そのものが一番大切だったんです。幼い頃に留学したいと言った時も、「これからは、女も海外に出ていろいろなことを学ぶ時代だ」と、反対もせずに受け入れてくれました。父は視野の本当に広い人でした。

父が亡くなってから何年もアルバムさえ見られませんでした。当時息子が二歳になる頃でしたでしょうか。もし息子が生まれていなかったら、私はどうなっていたか？　そのくらいショックで悲しかったです。

今は、こう思えるようになりました。魂は永遠に続く。だから本当は、死はまた次の始まり。生まれるということは必ず死ぬということです。そして、死は必ず生まれるということです。これを本当に気づいていなかった当時の私は、とても辛い毎日を何年も送りました。

ある方がこんなことを言っていました。「あまり悲しむと、魂が次にいけません。心配して成仏できない」と。私もそう思います。ある時点で十分悲しんだら、「ありがとう」で送ってあげてください。本当にその人のことを考えてあげるな

郵便はがき

恐縮ですが切手をお貼りください

1 0 1 - 0 0 5 1

東京都千代田区神田神保町3-2
高橋ビル2階

株式会社 ナチュラルスピリット

愛読者カード係 行

フリガナ		性別
お名前		男・女

年齢	歳	ご職業	
ご住所	〒		
電話			
FAX			
E-mail			
お買上書店	都道府県	市区郡	書店

ご愛読者カード

ご購読ありがとうございました。このカードは今後の参考にさせていただきたいと思いますので、アンケートにご記入のうえ、お送りくださいますようお願いいたします。

小社では、メールマガジン「ナチュラルスピリット通信」（無料）を発行しています。
ご登録は、小社ホームページよりお願いします。**https://www.naturalspirit.co.jp/**
最新の情報を配信しておりますので、ぜひご利用下さい。

●お買い上げいただいた本のタイトル

●この本をどこでお知りになりましたか。

1. 書店で見て
2. 知人の紹介
3. 新聞・雑誌広告で見て
4. DM
5. その他（　　　　　　　　　　　　　　　）

●ご購読の動機

●この本をお読みになってのご感想をお聞かせください。

●今後どのような本の出版を希望されますか？

購入申込書

本と郵便振替用紙をお送りしますので到着しだいお振込みください（送料をご負担いただきます）

書　籍　名	冊数
	冊
	冊

●弊社からのDMを送らせていただく場合がありますがよろしいでしょうか？

□はい　　□いいえ

ら、その人を次の旅に見送ってあげることはとても大事なことです。勇気を持って送ってあげましょう。

悲しみにはいろいろな悲しみがあります。

例えば、会社でボスから何かを言われて「悲しい」。「こんなことができないのか？」って怒られて落ち込んで悲しむ。「自我」だと思います。悲しむことによって、自分ができないことを隠している。私はこう思います。素直に怒られた内容を自分なりに考えて、修正すべきことは修正できるはずです。もしボスがとんでもない人だったら、自分がそこにいる必要性を考えて次の行動ができます。もし辞めて、別の仕事ができるのなら、そういう方法もあるし、もしそんなボスの下でも働かなくてはならない理由があれば、もうボスをあるがまま受け入れましょうよ。そして、自分がそれに動じなければいいんです。悲しむ必要はありません。

このように、落ち込み、悲しむ人の多くは、「こんなことを言われるとは思ってなかった」想定外だったんですよね？　自分が考える自分ではないことを言われたんですよね？　それに対して落ち込み、悲しいんですよね？　この癖は変えて行った方がいいです。

まず、何か言われたり、聞いたことを、そのまま受け取ればいいんです。本当にそのままです。自分の感情は入れてはいけません。例えば、「お前は本当にバカだ！」と、怒鳴られたとします。「この人は、私をバカだと言っているけど、私のしたことのどこがいけなかったのかな？」と、感情は入れません。感情が入った場合は、いつものようにそれを捕まえましょう。この作業は同じです。

「悲しい」って何が悲しい？と、問いかけてみてください。

自分が可愛そうで、悲しんでいるのかもしれません。こんなこと言われて、可愛そうな自分を悲しんであげている場合は多いです。

落ち込むのも同じです。なかなか難しい場合も多いです。私も過去に、とても落ち込んでいた時代がありました。鬱病もやりましたよ、何年も……。当時、薬やお医者さんに頼りましたが、鬱病は治りませんでした。

私はある日、「決心」したんです。「もうこれはやめる」って。その決心があって行動をした結果、変えることができました。その当時は、何もわかっていなくて生きていたけど「決心して、行動すればできるんだ！」って思いました。

今になって「決心」そして「実行」がどんなに大切かを学びましたが、学んでいない時の私は、まるで逆の行動をしていました。だからこれは私だけではなくて、皆さんにもぜひお勧めします。

人間だから、「悲しむ」時はありますよね。誰か身近な人を亡くされたら、思いっ切り泣いて、悲しんだあと、できるだけ早くその方を送ってあげてください。だってその人は次の旅に行きたいのですから。どんなに短い人生であろうと、その人が決めて去って行ったことを尊重してあげませんか？

その他の悲しみ、落ち込みは、殆どが自分本位に考える結果なので、その自我は頑張って無なくしていってください。今、本当に自分は何をすべきなのか？どんな状況であっても、今日という一日をどんな意識で過ごすのか？来月、来年を考えて悩む前に、今日の自分をどう生きるか？の積み重ねが、来月であり、来年なんです。今日を積み重ねなければ未来は訪れません。

追伸：極度の鬱病や、他に精神的な問題がある方など、お医者様の必要な状態の方はどうぞ受診してください。そして医師の力も借りて、自分で乗り越えてください。時と場合によっては西洋医学も大切だと思います。

母と第二次世界大戦の話

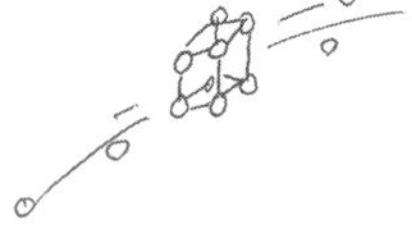

My Mother and the World War II

戦争のことを母に尋ねました

質問１：第二次世界大戦の時何歳だった？

母：私が5歳の時開戦〜11歳の時終戦でした。

質問２：戦争中に一番怖かったことは何？

母：最初頃は空襲警報のサイレンが鳴った時。
年月が過ぎて、音に慣れ自宅より離れた横穴まで逃げる時。

質問３：戦争中に一番大変だったことは何？

母：布団の上で寝たい。靴を脱いで寝たい。
（いつでも飛び出せるよう、逃げる支度をしていたから。）

質問４：戦争中に一番楽しみだったことは何？

母：近所の人達と横穴で顔を合わせホッとする時。
梅干の中の種を噛んで、白い小さな実を割り、少しずつ皆で食べる時（非常用食として毎日干して集めたものだったので。）

質問５：原爆が投下された時、３キロの場所に居たって聞いたけど、どんなだった？

母：爆心地から3・4キロの地点の家に移ったのが投下半月位前だったので、余り覚えていない。遠くでピカッと光が見えた。後で母から聞いて驚いた。

質問6：戦争を知っているママが戦争を知らない人たちに伝えたいメッセージは何？

母：私達は横穴から出て自宅へ戻る時、「また会えたらいいね！」大人から子供までお互いを思い合っていました。なので、命の尊さをよくわかって、平和の有り難さを身にしみて味わっていると思います。「今日も会えてよかったね！」ニッコリし合っていました。

質問7：その他に伝えたいことはある？

郁子へ

質問に対して、昔を思い出し、何日も眠れませんでした。弟と語り合い苦しかった時、辛かったことより、人間の魂の優しい触れ合いを笑って話せたことに心より感謝しています。有難う。

＊母は長崎県出身、長崎で被爆しています。

＊横穴とは防空壕だそうです。初めは地面を掘って穴を作り、そこに藁や葉っぱで見えないように隠して、その中に避難していたようです。でもそれだと、敵の爆撃機に発見されやすかったらしいです。長崎の地形は坂が多く、崖も多かったので、その斜面に穴を掘って防空壕としていたのが横穴だそうです。

《以上を読んで》

母から戦争についての話はいろいろと聞いていましたが、これを読んで涙が止まりませんでした。「また会えるといいね！」と、別れる際にお互いに言っていたのは、横穴で、二度と再会することができなかった人たちが多くいたからだそうです。

母の一番の楽しみが梅干の種の中の白い実を食べることだった。これは皆さんご存知でしょうか？　大きさはお米より小さいでしょうか。プチっとしょっぱい味がします。梅干の種を歯で割って、この米粒ほどの白い実を少しずつ食べた。この小さな実を少しずつ食べることが楽しみだった。今、コロナで非常食を備蓄していますが、その中にこの様な質素な備蓄品はありません。私達はいろいろなことで悩みます。でも母の文を読んで思いました。私達は恵まれ過ぎているから悩みも多いのだと。戦争中は、毎日生と死が精神的にも肉体的にもすぐ間近にあったため、悩むという余裕さえなかったのでしょう。私達が日常的には、今、ほとんど忘れている平和の尊さ、布団で寝ることの快適さ、当然のようにまた会える友人達、これらがどれだけ大切なことなのかを、母の短い文で再度気づかされました。今、全世界がコロナと向き合っている中、この母のメッセージは何か大切なものを伝えてくれたように思います。ママありがとう。

セントラルパークの鴨

Ducks in Central Park

セントラルパークで最近鴨の親子と遭遇します。人が寄ってくると親たちが小鴨を守るように寄り添って、ガーガーと威嚇します。本能ってすごいなといつも思います。ある方から教わりましたが、我々の魂が今の自分をプログラムして来たそうです。この鴨達も自分達が鴨であるように、魂がプログラムして来たんだなぁ～って。鴨達は鴨以上にプログラムできなくて、精一杯が鳥なんだなぁ～って。

人間は凄いなって思います。魂が人間をプログラムできるんだから。地球上に存在するものの中で一番の頂点は人間だと言われています。今までいろいろな形で学んできて、人間をプログラムできるまで来たんですよね。魂って本当に凄いですよね。折角頂点の人間になったのだから、本来の人間の役割をやっていきたいですよね？

鴨の親子（Robert Gach）

人間の役割の話

Story of Human's Role

人間としての役割とは、私達が何時ぞや辿ってきた動物、鳥や植物にとって、彼らが学びやすい環境を提供するのも一つの役割ではないでしょうか？　そして奴隷化するのではなく、共存することではないでしょうか？

人間の欲の増幅が地球をここまでにしてしまいました。悲しんで、悩んでいたってしかたありません。やれることをやるしかありません。

「セントラルパークの鴨」の章で触れた「人間」の役割について少々書くことにします。

私達の学びはそれぞれ違います。でもこの地球で、一番上の人間としての役割は共通していると思います。例えば、私はマックスという犬を飼っています。とても可愛いですし、家族の一員です。でもペットってなんでしょう？　本来ならば、犬は犬として学ぶために生まれて来ました。家族を構成して、動物として、犬としての学びをするためです。しかし人間は犬の学びを犠牲にして、私達が癒されるためにペット化しました。値段をつけて売買します。これは奴隷ですよね？私はこのことに気づいていなかった時代に、今の犬を飼い始めました。そして気づいた時に、本当に申し訳ないことをしたと思いました。その時点で私ができることは、犬に対してのお詫びと感謝、そしてマックスとの時間を大切にすることでした。

セントラルパークには多くの違う種類の犬がいます。夏になると「ハァハァ」と、とても苦しそうな犬たちがいます。その犬達の出身は寒い地方が多く、すぐバテています。ニューヨークの夏も日本と同じように暑くて湿気がありますので、このような犬達にとっては特に辛いシーズンです。本来ならば、自分たちに合っている風土で生活するのが一番良いはずですが、私達は犬達をひと所に集めてしまいました。私の犬はジャックラッセルテリアで、元々はイギリスの地方の倉庫などの人の手が届かないような場所で、ネズミを捕まえるために改良されたと聞いています。ペット化されるばかりではなく、人間の都合の良いように改良されているのも事実です。本来なら大きな犬を、改良し小型化したりもしているようです。

犬だけではなくて、いろいろな動物が人間の欲の奴隷になっています。セントラルパークには小さな動物園があって、そこにはなんと昔、シロクマがいました。小さな場所と小さなプールに住んでいました。子供が小さい頃、よく見に行ったものです。プールは、シロクマのターンの様子が良く見えるようにガラス窓になっていて、時間になるとシロクマが小さいプールの中で行ったり来たりします。その頃は、凄いものがセントラルパークで見られる！って喜んでいました。動物園は悲しい所です。なぜなら人間が見て喜んだり、感動したりするためのみにあるからです。これが人間だったらとんでもないことですが、動物だから構わないんですよね？

人間はこのように、動物だけではなくて、ありとあらゆる存在を自分達の都合の良いように支配しています。地球のリーダー役として情けないです。人間としての役割とは、私達が何時ぞや辿ってきた動物、鳥や植物にとって、彼らが学びやすい環境を提供するのも一つの役割ではないでしょうか？　そして奴隷化するのではなく、共存することではないでしょうか？　私は「これはやめよう運動！」を提唱したいわけではありません。ただあまりにも酷い現実があることは知って頂きたいです。当たり前になっている現実には、決して当たり前にはなってはいけないことが数々あるのではないでしょうか？　そしてその中の百パーセントできなくても、少しずつ自分自身を変えるということが、現実には人間以外の存在の役にも立っているのだと知って欲しいです。

人間の欲の増幅が地球をここまでにしてしまいました。悲しんで、悩んでいたってしかたありません。やれることをやるしかありません。

セントラルパークでは体の不自由な犬も目にします。前脚や後ろ脚が一本ない犬など、なんらかの障害のある犬も少なくありません。雑種といわれる犬も沢山います。その多くは、虐待を受けて保護された犬達です。その犬達の飼い主となって、レスキューしている人達も大勢います。ハンディーを背負っている犬達の親になっています。見た目はカッコ良くない犬達です。世話も大変です。レスキューしている人たちの中には、「私はこんな素晴らしいことをしているんだ！」と威張りたくてやっている人もいます。まるでレスキューすることが、何かのステータスになっていて、自分の偉さを認めて欲しいから頑張っている人達もいます。でも心から取り組んでいる本気の人達も沢山います。そんな人たちのことを知るとなぜか「ほっ」とします。

私はマックスのお陰でいろいろと助けられ、勇気づけられ、笑顔になり、そして教えられ……。本来の犬としての学びはできなかったかもしれないけど、私と私の家族でなければ学べなかったことを学んでくれていると思います。これからもあなたの命が続くまで一緒にいようね！

マックス（写真 Robert Gach）

魂の話

Story of Soul

自我と欲が多いと、それをベースで生きているので魂に届きません。本来は魂が成長するためにここに存在しているのに、自我と欲が邪魔をしていて、魂は困っています。でも私達が気づかなければ、修正できません。

「どうして自分には、繰り返しこんな出来事が起こるのだろう？」それは、魂が繰り返しあなたに気づくチャンスを与えてくれているからだと思います。

自分を産み出した魂の声を聞いてあげましょうよ。

皆さんは、輪廻転生を信じていますか？　私の知り合いに輪廻転生を信じていなくて、この人生が終れば全て終わりと思っている人がいます。その人の学びですので、私は輪廻転生のことを押し付けません。しかし、私は信じています。

自分の魂が今の自分を創りました。凄いです！　魂って。人間を一人創り出しちゃうんです（もちろん、私達の両親の助けを借りて）。私たちは目に見えるものを信じ、行動します。自我と欲が多いと、それをベースで生きているので魂に届きません。本来は魂が成長するためにここに存在しているのに、自我と欲が邪魔をしていて、魂は困っています。でも私達が気づかなければ、修正できません。

こんなこと体験してって、思ったことはありませんか？「どうして自分には、繰り返しこんな出来事が起こるのだろう？」と。それは、魂が繰り返しあなたに気づくチャンスを与えてくれているからだと思います。でも気づかずに出来事を処理していると、また、「今度はどうですか？」って、似たような現象が起こります。

「早く気づいて、そして本来決めてきたことを学び実践しようよ！」魂はこう呼びかけています。

自分を産み出した魂の声を聞いてあげましょうよ。本当のあなたは「魂」なのですから。今のあなたの肉体は、いつかは消えます。でもあなたの魂は永遠に存在します。宇宙はそういうシステムになっているようです。せっかく魂があなたを作って、「これを学ぶぞ～！」ってやって来たのに、それができないと可哀想ですよ。

魂にも先輩後輩があるようです。地球に初めて人間としてやって来た魂もあれば、何十何百何千回人間をやって来た魂もあるでしょう。この差は良い悪いではなくて、ただいろいろなレベルの魂達が共存しているということです。だからこそ、お互いを尊重し合い、それぞれの学びを実践して魂を成長させましょうよ。「魂の声」に耳を傾けませんか？

怒りの話

Story of Anger

怒りの振動波！　もの凄いです。

イライラするのは自分が思うように行かなかった時や、相手にものすごく期待をした時などによく起こりますよね。

私は、精一杯忍耐して努力してもできないことを素直に認めることの大切さをここで学びました。

何事も「しすぎない」のも鍵みたいです。

数年前ですが、あることに対して大変怒りました。やって来たんですよ、怒り！わぁ〜！って、凄く出て来て。怒りながら言っちゃったんです、「何してるの、あなたは」って。怒ることを数年やってなかったので忘れていました。この怒りの振動波！もの凄いです。まるで体のすべての細胞にまで怒りが浸透して、逆流している観じでした。怒りってこんなにマイナスなんだって、びっくりしました。でも昔は怒ってもこの振動波に慣れていて、たいしたことなかったように思います。でも暫くぶりに起こった感情だったので、よぉ〜くみることができました。あまり気づかないかもしれないけど、ネガティブな感情は、知らず知らずのうちに身体全体に浸透するんですね。もちろんポジティブなものも身体全体に行き渡る。ネガティブは身体に悪いです。

イライラするのは自分が思うように行かなかった時や、相手にものすごく期待をした時などによく起こりますよね。家族において、私はどうしても、どうやってもあるイラつきを解決することができなかったことがあります。自分を変えようと、十数年間努力し、忍耐していたのですが、どうしてもできない。ある時ふとこれは、相手にも変わる努力をしてもらわないと、私一人では無理だと思いました。それで素直に、「私も変わる努力をこれからもするけど、一人では無理なので協力してもらえないか？」と、相手にそのままを伝えました。彼女は、私がこのことを伝えるまで、全く自分のことをわかっておらず、逆に伝えてもらって良かったと言ってくれました。それから彼女も努力をしてくれたお陰で、大分状況が変わりました。「自分が変われば周りが変わる」「あるがままを受け入れる」これは基本的には最も大切なことです。でも、なかなか変わらない人もいます。そして、家族であるがゆえに、あるがままに相手を受け入れられなくて、感情的になってしまうことも多いです。家族やとても仲の良い友人に対して、自分ができないことを素直に伝えて、その方にも変わる努力をしてもらう時もあるのではないでしょうか？

自分が頑張りすぎているのも、実は達成感という自我かもしれない。私は精一杯忍耐して、努力してもできないことを素直に認めることの大切さをここで学びました。もちろん「ちょっとやってみてダメだった!」は、違いますが……。

何事も「しすぎない」のも鍵みたいです。

私の場合は、ある時点で相手に協力を求めましたが、これをせずに自分を変える実践と、あるがまま受け入れる実践をし続ければ、いつかは必ず「怒り」は消え去って行くでしょう。私はここで無理だと観じてこのような方法を取りました。ここではあくまでも私のとった方法をシェアさせていただきました。

ちょっと一息

Short Break

「あぁ、こんなに沢山できない」って思っている人もいるかな？

自分が一番変えたい部分を一つだけ、一つからやってみてください。

そこで「忍耐」を学びます。

これまで、いろいろなテーマで書かせて頂いています。もしかしたら、「これもやらなきゃ」「あれもやらなきゃ」「あぁ、こんなに沢山できない」って、思っている人もいるかな？

そんな方は、その中で自分が一番変えたいことを一つだけ選んでください。そして日々実践してください。例えば、私が「怒り」という感情をなくすために実践したとします。そして、いつかふっと、自分の中に「怒り」がなくなった状態になるとします。この状態に本当になっていると、実は他の感情の変化も出てくるはずです。「あれ？　怒りをやっていたら、不安も消えちゃった！」って。

ですから、自分が一番変えたい部分を一つだけ、一つからやってみてください。

そこで「忍耐」を学びます。

「忍耐」が増してくると、他の課題も今までよりは楽に「忍耐」できるようになると思います。私の「話」をうまく利用してください。

違う角度の話から、「なるほど、そうか！」って気づいてもらえたり、「自分はここはできている！」って思ったらとばしてください。「話」の全てを知識として頭に入れて置くのはお勧めしません。「知っている＝できている」と、頭が勝手に勘違いしてしまうと自我が増します。

機会があったら、自分の苦手な人と接してみてください。気の合う人達の枠を超えてみると、今までできていたことは、本当にできていたとはいえないことも学びます。これが本当の自分を知る機会でしょう。素直にやれることから本気で取り組んでみてください。

学びと気づきは終わりなく続きます。私にもやっていないことや、できてないことが沢山あります。これはできていたと思っていたところ、違う角度からまたやってくるんです。繰り返し、繰り返しやってきます。「完璧にできた」はありません。もしそう思っている人がいたらそれはきっと間違いですよ。

「完璧な自分」はあり得ません。「ギャッチ郁子の話」のところで書かせて頂いたように、私は自我をなくす努力と、実践と忍耐を集中して取り組んだ結果、いろいろな体験をして学ばされました。そして、今の私がいます。でも私は「偉く」はありません。もしかしたら、少しだけ前を歩いているかもしれません。でも誰にでもできることです。私の先にはまだまだ無限に学びがあります。私も進行形です、これからもずっと。

Snacking in the Park（写真 Robert Gach）

プライドの話

Story of Prideful

プライドは、殆ど感情を伴って来ないので、見つけるのは大変です。

「プライド＝競争に勝つ」だと思います。

だから自分の方が上だとか、私の方が勝っているというような意識で上から目線で人に対応したり、私の方が綺麗で頭がいいなどの意識が出て来たら、捕まえてください。

すごく注意が必要です。

プライドは厄介なもののようです。多分プライドは知らず知らずのうちに、どんどん自分の一部になっていって、気づくのが大変なようです。

例えば、一流大学へ入ってある人は、「自分は大変優れている。他の誰よりも優れているんだ」という意識を持ち続けたとします。そして、有名な企業に就職します。「自分は大変優れている」という意識のまま仕事をします。その人はどんどん出世して、「自分は大変優れている」と思い続けます。その人は多くの有名人と出会い「もっと凄い人」になりました。以前は交流のあった人達を見向きもしなくなりました。多分これらの人を見下しているようです。これらの人達は彼には必要ではなくなりました。彼は、本当の自分を失ってしまい、プライドがその人を支配しました。

ある人が一流大学へ入りました。でもその人は他より「自分は優れている」とは思いませんでした。一生懸命に勉強に励み、卒業後は有名な会社に就職しました。コツコツと仕事に励み、彼はどんどん出世しました。それでも、彼は、他より「自分は大変優れている」の意識は全くありませんでした。しかし周りの人達は、彼が優れていることを知っています。彼はどんな人達とも交流ができて、周りから尊敬されるようになりました。彼はプライドに支配されることなく、本当の自分で生き続けました。

ある美しい人がいます。彼女は昔、人気者でした。誰もが彼女のそばに行きたがりました。彼女の意識の中に「私は綺麗だ」が芽生えました。誰よりも私は綺麗。彼女は、「自分は美人で偉いんだ」という意識を持ち続けました。人気があって「偉い」と思い続けた彼女は、周りに指図し始めました。殆どの場合自分が一番正しいので、周りに説教を始めました。人と競い合う意識も芽生えました。でも彼女の周りの人達には、彼女の傲慢さを指摘する人はなく、彼女は自分を正すことができませんでした。

もしかしたら人生の中で「自分は頭がいい」や「自分は美しい」と思ったことがあるかもしれません。その思いが悪いのではないと思います。でもそれが意識の中に定着し続けて、特別な自分を作り上げることが問題です。

ニューヨークのマンハッタンにはプライドの高い人達が沢山います。お金持ちの人達に多いです。お金持ち＝プライド＝偉い人。こんな感じでしょうか？　私の住んでいるマンションにもお金持ちが沢山いて、自分達は特別な人と思っている人達がいます。その人達は、マンション内で働いてくれている人達を見下す態度をとります。自分達の使用人という態度です。彼らのお陰で安心して住むことができているのに、その感謝なんてどこに行ったのか？　そんなお金持ちにも問題があるけど、その人達を崇める人達にも問題があるようです。

例えば、ニューヨークのある有名なマンションには、お金持ちというだけでは入居できません。このマンションにあった品格というのでしょうか？　そんなことも基準になっています。でも多くの人達がそこに住む人を「凄い人」と思っていることも問題です。外見で「凄い人」と判断してしまう人が山ほどいます。「お金持ちなんだなぁ～」「有名人なんだなぁ～」と、ありのままを受け入れるのは悪くないと思います。だって事実なんだから。

さらっと受け入れて流すことは大切です。でも、その後にやってくる自分の意識は捕まえた方がいいですよ。例えば、私がこのお金持ちが沢山いるマンションに住んでいることが「偉い」とか、そんな意識が芽生えたら要注意です。「どこにお住まいですか?」「六本木ヒルズです」。この答えに、「凄いだろう～、六本木ヒルズなんだよ」。これがあったらヤバイです。例えはいくらでもあります。港区がすごいから、どんなにちっぽけなアパートでも港区内がいいとか、いろいろあります。「自分が優れている」という意識がどんどん増えて、その人達が行き着く先が政治?　悲しいことです。

プライドは人の中に入りやすく、そしてわからないままの状態が続くようです。怒り、悲しみ、心配などには感情が大きく伴うので、それらを捕まえることは、プライドを捕まえるよりも簡単です。プライドは、殆ど感情を伴って来ないので、見つけるのは容易ではありません。「プライド＝競争に勝つ」だと思います。ですから、自分の方が上だとか、私の方が勝っているとか、このような意識で上から目線で人に対応したり、私の方が綺麗で頭がいいなどの意識が出て来たら捕まえてください。すごく注意が必要です。なぜならプライドは、その人になりすまして潜んでいるから。プライドが高い人は、より謙虚に全てに取り組むことが必要です。プライドも自我なんです。長年取り組むことができずにいた今のプライドを解くのには、より本気の決心と行動が必要です。絡まった糸を、忍耐強く解いていくしか方法はありません。プライドによって、本当の学びができずにこの世を去るのはとても残念なことですから。

ある人から、「本気の決心ってどうやるの？」って聞かれました。決心は、静かな部屋に正座して、気持ちを整えてしなければならないと思っていたようです。決心は形ではありません。正座しなくても良いんですよ。心で本気で決めればそれで良いのです。歩いている時に決心したって良いんです。くれぐれも「決心の仕方」にこだわらないでくださいね。

忍耐と我慢の話

Story of Two Different Endurances

みなさんは忍耐と我慢の違いを知っていますか？
この二つ大いに違うんです。

私はこの二つの違いを話すときによくコップを例にします。コーヒーカップやティーカップに蓋が付いているものがありますよね？　それらを想像してください。

ここでは怒りの感情を例にします。「我慢」は、カップの中にあなたの怒りが入っていて、それに蓋をしている状態です。「怒り」がきたとき、あなたは蓋をし続けます。一見「怒り」は、蓋によって押さえつけられているかのように見えますが、実は蓋の下には「怒り」が残っています。ですから、蓋がずれたら「怒り」は外へ出ちゃうんです。一方、「忍耐」はカップに蓋がありません。「怒り」の感情はカップにありますが、蓋がありません。「怒り」をなくす実践を本気でしていると、カップの中の怒りが少しずつ、まるで砂が風に吹かれてなくなって行くように、最後には消えてしまいます。「怒り」をパクッて食べちゃう観じでしょうかね。これが「忍耐」と「我慢」の違いです。本気の実践とは、前にもお話をしましたが、自分の感情をよぉ～くみて捕まえます。感情をもみ消そうとか、無視してはダメなんです。自分の中にあるものをよく見て捕まえて、そして無駄なことだなと処理します。この繰り返しです。時間はかかりますよ。

これを書いていて思います。これをお伝えするのに、忍耐を体験されてない方には届かないのではないかって。

以前、「ありがとうは、どうすればいいのですか？」という質問がありました。答えられませんでした。感謝をしたことがない人に、「ありがとうはこうするんだよ」ってどうやって伝えればよいのでしょうか？　皆さんはどう教えますか？「感謝はこうやって、ああやって」と説明しても、その人がたとえその通りにしても、頭で習った感謝しかできないでしょう。本当の感謝は、自分が体験しなければわかりません。「忍耐」も同じです。「忍耐」はハートのチャクラと関係しているようです。「忍耐」を続けると、ハートのチャクラがどんどん大きくなっていき、段々と、多くのいろいろなことをそのまま受け入れられるようになります。本気で「忍耐」をして、ハートのチャクラを大きくしませんか？

夫婦の話

Story of Husband and Wife

どうすれば、「真の夫婦」になれるのでしょうか？

これもまた、本当に相手を受け入れることと、自分が変わること以外にはないと思います。

それと、相手にちゃんと伝えられることも大事です。

私は結婚して34年になります。思い出すのが難しいほど、いろいろなことがありました。「何のために生まれて生きているのか？」が、わからなかった時代は、主人には本当に沢山の迷惑をかけてきたと思います。

夫婦のことは他人にはわからない、夫婦にさえわからない部分があります。一見とても仲が良い夫婦でも、本当にそうなのか？もわからないです。良い夫婦のふりをするのは結構簡単です。また、「これが夫婦というものだから、こうならなきゃだめなんだ」と必死になっている人たちもいます。結婚したら自分の理想と違っていて、悩んでいる人たちもいます。相手がお金持ちだから、結婚した人達もいるでしょう。ここで一つ一つのことを書いていてはキリがないので、私達夫婦のことを少し書こうと思います。

私が夫との結婚を決めた大きな理由は、「私の信じているものと、彼の信じているものが同じ」だと観じたからです。初めてのデートの時に、いろいろな話をしたと思いますが、その中で一番覚えているのは、奥深い部分で、同じ信念を持っていたことでした。具体的にどんな話をしたかは覚えていませんが、他の人にはなかった「深いもの」を彼の中に観じました。

そして、今言えることは、この「深い部分」は本当にそうだったということです。夫婦だから何もかもさらけ出してもいい、ということはありません。だからといって、遠慮するのも違います。ではどうすれば、「真の夫婦」になれるのでしょうか？

これもまた、本当に相手を受け入れることと、自分が変わること以外にはないと思います。それと、相手にちゃんと伝えられることも大事です。

主人はアメリカ人なので、日本人とは違う部分が沢山あります。日本人の私はストレートに「言う」ことに慣れていませんでした。それで主人に伝えることより、自分の中で我慢していました。ある時、私が我慢していることを伝えると、「なぜもっと早く言ってくれなかったの？」と言われました。そして、「何か問題があれば、言葉で伝えて欲しい」と言われました。日本人の私には、言葉で伝えなくてもわかって当然というのがありました。主人に言われて初めて、彼にとっては「言葉で伝える」ことが大切なのだ、ということがわかりました。その後、我慢の限界がくる大分前に、私の気持ちを伝えることにしました。すると、今まで私が抱えてきたものは何だったんだろう？　主人に伝えることで、私も軽くなるし、主人が私の悩みを明確にわかるようになり、事の次第が大きくなる前に、お互いを理解し、問題点を直すことができるようになりました。

私の観じる、日本人の夫婦とアメリカ人の夫婦の大きな違いがあります。日本人夫婦の場合は、奥さんが、旦那さんの母親の役割を大いにしているということ。アメリカ人夫婦にはそれがあまりありません。この二つの違いを見ます。私はアメリカに長いので、母親をやっている日本の奥さんをみると、少し違和感を覚えます。ここまでする必要があるのかな？って。一方で、ご主人を心から支えられ、魂の実践をされている奥さまも知っています。ご主人が本当の意味での魂の役割ができるようにと、その方は支え続けられています。自我と欲のためではなく、純粋に。それを実践することはとても難しいことです。でもそれを見事にやられている姿には、いつも頭が下がる思いです。アメリカ人夫婦の多くの場合は、極端に奥さんの母性本能のなさを見ます。どちらが良くて、どちらが悪いというのではありません。

私が結婚した当初は、主人に朝食を作ってあげて、仕事に出さなきゃって思っていました。主婦の大事な仕事の一つだって。ところが主人は、朝食はいらないって言うんです。いつも仕事に行く途中で、オレンジジュースとベーグルを買って食べているからいらないって。折角主婦の仕事が始められるのにっと、ちょっとショックでした。でも私はもともとあんまりこだわらない性格なので、「了解」で終わりました。もし私がお母さんをやりたかったら、それでも早起きして、野菜ジュースや体に良いものを作って仕事に行ってもらっていたかもしれません。

夫婦にはいろいろな学びがあります。どうしてもうまく行かずに、離婚だってあります。これだって結婚と離婚を体験する必要があったからだと思います。なので離婚が悪いわけではありません。また、結婚をしない人生だってあります。アメリカでは同性者の結婚も全然ありです。

私は今の主人で良かったと、今になってとても感謝しています。日々の問題がいくらあっても、何か起こった時に、「これでいこう!」という答えがいつも一緒です。たまに一緒でない時は、私か主人の、どちらかの意見でもお互いを尊重できる関係にあります。だから、いざという時の行動は心の深い部分から同じにやってきます。

生まれて生きることの意味を知ってからは、自分を変えることに専念しました。その前は、主人に、こうなって欲しい、ああなって欲しいが沢山ありました。でもそれって自分のことは棚にあげて、相手に変わってもらうことばかり望んでいる「自我」。今まで本当に悪かったなって思っています。まだまだ変えなければならないところは沢山あります。でも今は、私が信じてやっていることに対して、主人はとても寛大です。自分はノーサンキューだけど、私のやっていることをとやかく言いません。もし私が妙なことをやっていたら、彼は何か言ったと思います。私の生き方はそれでいいよ！って思ってくれていると思います。私たちはお互いに、「こうしなければダメだ」はありません。

これを読まれている人の中に、ギャッチさんの場合は、ご主人が良かったからで、自分の場合はそうではないからって思う人もいるかもしれませんが、それは間違いだと思いますよ。ご主人を悪く言うのはやめましょうよ。あなたが変われば、ご主人もきっと変わりますよ。結婚の理由は何ですか？

私の元友人の話ですが、彼女には結婚相手の条件がありました。それは、ある程度の収入のある仕事に就いていることでした。その条件に見合った人と結婚し、出産もしました。彼女に、「どう？　旦那さんとはうまくいってる？」と聞くと、「あぁ、旦那は給料を運んでくれたらそれでいいから」って言うんです。びっくりしました。でも彼女にとってはそれでよかったのです。彼女の良さというか、徹底していたのは、他に夫婦で問題があっても、そんなことどうでもよくて、旦那さんがちゃんと給料を稼いでくれればそれでいいと徹底していたところです。一方で、同じような状況で結婚した人で、給料を運んで来てくれさえしたらいいと思ってはいたものの、「彼のこんなところも嫌、ここも直して欲しい」と、欲が出てきている人もいるのではないでしょうか？

夫婦は、人生の半分以上を一緒に生きる相手です。他の誰よりも学べる場所です。なので、相手の悪いところだけを見るのではなく、良いところを探しましょうよ。そして、自分ばかり楽をするのではなくて、相手にも楽をさせてあげましょう。お母さんをやらずに、「一対一の男女」と言う人間の夫婦をやりましょうよ。あまりお母さんをしてしまうと、ご主人が学べませんよ。また、お母さんをさせているご主人も、少しは自分でやりましょうよ。自分が相手を選んで結婚した理由を思い出してください。今の悩みは、もしかしたら、あなたの「結婚の理由・条件」からきているのかもしれません。もしどうしても一緒にいられないのなら、離婚だってありですよ。時と場合によっては、決して離婚は悪いことではないと思います。でも離婚ができない理由があるのであれば、やるしかないですよね。一つのことがクリアーになったら、また別のことと、私たちは欲張りになっていませんか？　夫婦はお互いに結婚するまで他人だったわけで、自分と同じものを相手に期待するのは違うと思いますよ。自分はそのままで、相手には変わって欲しいとは、なんて欲張りさんでしょう？

振動波の話

Story of Vibration

自分の振動波は、
それに合ったところへ同調することを知っていますか？

私の話の中で「振動波」や「エネルギー」という言葉がよく出て来ますが、一体それは何かを私の言葉で書きますね。

冷房をつけるのにリモコンを押すと、エアコンが動き出しますよね。このように目に見えなくても、エアコンがちゃんとキャッチして作動します。これ、皆んなご存知だし、不思議でもなんでもありませんよね。Wi-Fiにしても、見えないものが存在していることを、私たちはちゃんと知っています。

では、全てのものに振動波があることについてはどうでしょうか。そして、エアコンとリモコンのように、自分の振動波はそれに合ったところへ同調することを知っていますか？

イメージしてみてください。あなたの体の外には目に見えない層があります。そして目に見えないあなたの振動波が常にあります。その振動波は、自分と同じ振動波を無意識に探します。そして同調します。それがあなたのいる世界です。

常に文句ばかり言って、自分を変えない人がいるとします。その人の同調するのはリモコンのように、同じ振動波を持つ人達です。それでさらに文句ばかりが続きます。でもある時、その人は気づきます。文句ばかりではなくて、自分を変えよう！と。そうして実践し始めると、その人の振動波は上がっていき、今までの枠を超えた振動波と同調できるようになります。でもその人が自分を変える努力をやめた時、その人の振動波は下がります。

このように、宇宙は振動波で成り立っているようで、嘘がつけません。いくら自分は素晴らしい人間と思っていても、その人と同じ範囲の振動波に同調するので、とても低い所にいるかも知れないんです。そんなの信じないと言われてもこれが事実なので、これが宇宙なので、そうなってしまうようです。

話は飛びますが、本気で学んだことを日々実践すると我々は成長します。このような魂の成長を、「進化」と呼ぶとします。そして、進化すると、自分の放つ振動波は高くなります。ある振動波の高い人が料理をしました。サラダです。レタスを洗って、きゅうりとトマトを切って、サラダの用意をします。なにも見えないけれども、その人の洗ったレタス、切ったトマトときゅうりには、その人の振動波が伝わります。これだけのシンプルな作業でも、実は作ったものにはとても良い振動波が入ります。それで実にとても美味しくなります。一方、文句ばかり言っている人が同じ作業をすると、でき上がりのサラダは美味しくないんです。これ、リモコンと同じです。

そして、「エネルギー」とは何か？　私の思うエネルギーは同じような振動波が集まってできた、かたまりのようなものではないかと思います。正と負もあるのではないかな？　例えば、多くの負の振動波が集まったエネルギーのために、そこに災害が発生したりとか。

こんな体験はありませんか？　なぜかこの場所にいると気持ちがいい。その逆に、ここにいると具合が悪い。この場所は不気味だ、とか。皆さんはちゃんと振動波やエネルギーを感じておられるのです。

振動波はあなた次第で変わります。低いところの自我や欲の振動波を卒業して、もっと高い所に移動しませんか？　移動したいと思っても、実践していなければできません。あなたは見えないエネルギーの何処に所属していますか？　リモコンと同じで、あなたと同調している振動波へ行っちゃうんです。面白いですよね？

直観の話

Story of Intuition

「なぜか急にふと思っちゃった」ことは、いつも使っている思考回路を通さずに入って来ます。

「急に思っちゃった」ことを実際にやってみてください。

大事なのは、自分に入って来た「直観だと思うこと全て」を、信じてやってみることです。

皆さんは「直観」という言葉も、その意味も知っていますよね？「直観」を使わなきゃ〜って思ってはいても、うまく行かないと思っている人、参考にしてください。

まず、顕在意識が悪くて、直観が良いという考えを頭からなくしましょう！こんなことで迷っていないで、どんどん顕在意識を使ってみてください。そうすると、その中に、「あれ〜？　理屈で考えていたのに、なんで『こんなこと』急に思っちゃったのかしら？」という場面に必ず遭遇します。そう、これが大事！

この「なぜか急にふと思っちゃった」ことは、いつも使っている思考回路を通さずに入って来ます。このような体験は、誰にでもあるのではないでしょうか？　そして、常に顕在意識を使っている人達にとっては、よりわかりやすいのではないでしょうか？　「急に思っちゃった」ことを実際にやってみてください。

例えば、直観で絵を描かなければって思っている人がいたとします。色も直観で選ぶ、「この色かな？　あの色かな？」でもわかりません。「何色を使えばいいのか？　何を描けばいいのか？」。その時、彼女の頭の中に次のことがよぎります。「今日の夕飯の買い物はいつものスーパーではなく、駅前に行こう」って。でも彼女は思います。「本気で絵を直観で描こうと思っていないから、夕飯のことなんか頭によぎっちゃった。なんと不謹慎なことか！」そして彼女は、いつものスーパーに夕飯の買い物に行きました。するとなんてことでしょう。そのスーパーは臨時休業していました。その時彼女は初めて、さっきよぎったことは、自分に「直観」としてすでに入って来ていたことに気づきます。

あまりにも「直観を使おう！」という思いが大きくて、見逃していませんか？あなたの直観を。

直観は、使おうと思っても使えるものではありません。ではどうしたらいいか？　大事なのは、自分に入って来た「直観だと思うこと全て」を信じてやってみることです。例のように、もしその人がいつものスーパーではなく、駅前に直接行っていれば、もっと早く買い物ができたでしょう。「いつものスーパーはお休みですよ。駅前に行きましょうよ」って、ちゃんと最初からわかっていたわけですから。顕在意識をフルに使うことは簡単にできますよね？　ではそれをやってください。でもその、ふと入って来たことには耳を傾けてください。

大事なのは、耳を傾けるだけではなくて、それを行動することです。行動しないと自分のものにならないからです。行動しても、結果がどうだったかがわからない場合もあります。例えば、彼女は直観を使って駅前に買い物に行きました。結果的にはそれが正解だったのですが、彼女はいつものスーパーに寄っていないので「臨時休業」だったとは知りませんでした。だから、自分の直観が正しかったことを確認できませんでした。結果がわからないと面白くないから、「直観」で行動することが少なくなりました。確認して「そうだったんだ！」ってわからないと、手応えがありませんか？　でも結果はわからなくても、駅前に行って正解だったんですよね？　それだけでは不十分ですか？

「これは顕在意識か、直観か？」なんて考えなくていいんです。最も大事なのは、そのいずれであっても行動しちゃうってことです。だって自分で発見していく以外に方法はありませんから。自分流にやるしかないんですね。顕在意識であれ、直観であれ、まずは自分を信じて行動することです。もし間違えが沢山あっても、その間違えから学べます。自分の体験からしか学べません。どんどん間違えていいのです。間違えているということは、行動している証拠ですから。「直観、直観」って頑張らなくても、素直に行動に移せば、必ず次に続いていきますよ。「なるほど、そういうことだったんだ」って。楽しみですね。

変わっちゃう人の話

Story of Person Who Changes

このタイトル見て、なんの話だろう？ と思っちゃいますよね。
一言で言ってしまうと、接する相手によって、態度が変わってしまう人
のお話です。

人間って面白いもので、自分が知っている相手には、実は別の顔があったりするものです。私の周りにもいます。私と一対一だとそうではないのですが、他の人が加わると一変する人がいるんですよ。例えば、私には上から目線ではないのに、ある人の前では見下す態度をとってしまう人。これを目の当たりにします。私に対する態度とまるで違う。「なぜ?」びっくりします。

なんでこんなことになるのでしょうか? ある人の前では下手だけど、ある人の前では偉そうになっちゃう人。でもこれ同じ人なんですよ。変わっちゃうんです、その人。殆どの場合、本人は全然わかってないんです。相当気をつけて自分を変えないと、ポロッと出てきてしまうんですよ。私は、本当にこれはおかしいと思います。だって本当の自分は変わらないはずですから、相手が誰であろうと変わってはいけないんです。

もちろん目上の人には敬語を使うでしょう。小さい子には、わかりやすく言葉を変えて話すでしょう。これはいいんです、変わっても。要は中身なんです。先輩ぶらなくていいんです。どんな人に対しても。その人の存在に感謝の念で接することは大切です。私たちは偉くないんですから。

特に日本でレストランに行くと、平気でウエイトレスさん達に偉そうにオーダーしたり、呼んで大声で文句を言ったりする人をよく見かけますよね？　あなたはそれを見てどう思いますか？「当たり前」と思いますか？　それとも「嫌な言い方しているな」って思いますか？　この世に自分の奴隷はいないんです。人間の魂としては、上下はありません。皆違ったことを学びに来ているだけですから。

それぞれの学びを尊重できない人は残念です。人間は二人揃うと上下関係が生まれると耳にしたことがあります。でもどんな時でもこれやめましょうよ。皆んな誰でも学んで生きていっているのですから。人間一人では生きていけないのですから。全ての人の存在を尊重しませんか？

謙虚の話

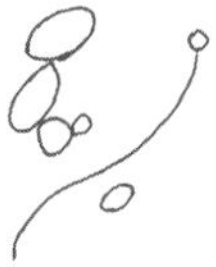

Story of Humility

世の中では謙虚な人は尊敬されているようです。
傲慢より謙虚がいいですよね？
一つ私の知っている「謙虚＝自我」の場合の話をします。

「謙虚」は結果「謙虚」であったが本当なのではないでしょうか？　人に嫌われたくないから謙虚でいるのは自我ですよね～。こうなったら自分像を崩したくないという意識が働きます。

あるとても謙虚な人がいます。その人は周りの人から尊敬されていました。こんなに地位も名誉もあるのになんて謙虚な人なんだと。はじめその人は謙虚をしていたのではなく、結果的に彼女の言動が謙虚さとなっていました。しかしある時、彼女はふっと思いました。本当はこう言った方がいいけど言わない方が謙虚に思われるよねって。

それで彼女は言うべきことを言わず無難に謙虚をしました。こういうことが度重なってくると彼女の意識の中に「謙虚」イコール「尊敬される」が生まれました。彼女の自然の言動が結果的に謙虚ではなく、彼女の中には意識的に「謙虚をする」ことが多くなりました。彼女は自分の評価を下げたくなく、いつも尊敬される人でありたかったのです。

ある時彼女はふと気づきます。「何か変だ」って。そして彼女は自分のやってきたことは「謙虚」ではなく、「こう思われたい」の自我だと気づきました。その時から彼女は謙虚をすることをやめました。そして素直に、よくないことはそのように相手に伝えることにしました。その結果「謙虚」で尊敬されていた彼女は、本当に相手に大切な助言ができる、もっと尊敬される人になりました。

この本の中で触れた「話」に共通すること、その言動や行為が悪いのではなくて、それに伴う「意識」が問題だと言うことです。「意識」は見えないけれど、それが全てに影響すると思います。自分の言動は「どんな意識」から来ているかをチェックしてみてはいかがでしょうか？

結果の話

Story of Result

「結果」は求めるものではなくて、自然と現れるもの。

一生懸命忍耐して成長をすると、素晴らしい「結果」がやってきます。

多くの人は、「結果」を気にしながら生きていますよね？　まず何かに取り組む前に「結果」を期待して、するべきことをやっていない人も多いのではないでしょうか？

私は、「結果」は、その人の学びと実践の内容によって大きく異なると思っています。結果は求めるものではなくて、自然と現れるものだと思います。例えば、良い人生にするために何かをするのではなく、自分がこのように生きたら「結果」こんなに良い人生になった。このように初めから「結果」に執着するのではなくて、「結果」は後からついてくるものだと思うんです。

日々の努力と取り組みをしないで、良い結果は生まれません。多くの人達は、形だけとか知識だけ豊富であれば良い結果が生まれる、と勘違いしているのではないでしょうか？　どれだけ仕事がこなせるか？　など。これには大きな間違いがあると思うのです。

「プライドの話」にも書かせていただきましたが、仕事ができるのと、その人の魂の成長はまるで違います。その両方を同時にやられている人は、自分の魂も成長し、そして社会に還元ができる立派な人です。でも魂の成長を無視している人たちは、結局魂が成長せずに、この世を去ることだってあるんです。結果を期待するのではなくて、一生懸命忍耐して成長をすると、素晴らしい結果がやってきます。結果にとらわれて表面的にしか取り組んでいない人は、それなりの結果しか出ません。

正しい生き方、そして謙虚な仕事への取り組みの両方をされている方は、必ずよい「結果」が後からついてきます。

違いが良い話

Story of Difference is Good

「違いが良い」と本当に思っているなら、批判や差別なんかないはずです。

誰かが自分のできないことをやってくれていることへの感謝さえあれば、今起こっている争いは大分少なくなると思います。

我々人間は（人間以外も）、それぞれ違います。顔、形や、性格など、自分とまるで同じ存在はありません。

私たちは多くの場合に、自分を基準として良い悪いを決めていると思います。他人の考え、行動に対して、自分と同じなら好感が持てますよね。もし自分と違ったら、どこかで自分と違うから苦手だとか、悪いと判断している時ありませんか？私も以前はそうでした。その頃の私は自分の意見を押し付け、相手を変えようとしていました。「違いが良い」など考えもしませんでした。

私たちはみんな違います。もしみんな同じだったら……。例えばみんなお医者さんだったら？　病気に関しては、お医者さんは必要ですよね？　でもお医者さんの使う器具や薬などは、お医者さんには作れません。患者さんを診る場所も建てられません。お百姓さんがいないので、食べたい野菜も食べられません。漁師さんがいないので、お魚も食べられません。お医者さん達は、「この方法が一番の治療になる」とみんな同じように思っているので、そうではない方法の中にも、良いものがあることを知りません。

こんなふうに考えるとどうでしょう。違いがとても素晴らしいと思いませんか？　誰かが、自分ができないことをちゃんとやってくれる。これは本当にありがたいことです。人間だけではありません。植物や動物が存在するから、我々は生きていけます。本当に一人では生きていけません。

でもこれって結構忘れていることですよね？　だって「違いが良い」と本当に思っているなら、批判や差別なんかないはずです。

誰かが、自分のできないことをやってくれていることへの感謝さえあれば、今起こっている争いは大分少なくなると思います。考え方や発想の違いも、これによってお互いが学び成長して行くのだと思います。もしみんな一緒だったら？　そこで止まってしまうのではないでしょうか？

勇気の話

Story of Courage

自分の「こう思われたくない」の自我を、
勇気を持って「こう思われてもいいや」に変えていきましょうよ。

私の「話」を読まれた何人かの人に、「勇気があるね」と言われました。特に、乳がんのことを読まれて。そう言われて、これって勇気なんだって思いました。実は私は勇気を持って何かをするということが現在ありません。

昔はありました。大勢の前で話さなければならない時とか、はっきり何かを伝える時に勇気を絞って、そうしたことが沢山ありました。人には、誰にも触れてもらいたくない部分がありますよね？　その部分はそっとしておきましょうよ。その部分はいいんですよ。しまっておきましょう。そして、相手のその部分にむやみに触れてはいけません。でも他の部分はいいんじゃないですか？　秘密にしておかなくても。素直に出してしまってもいいんですよ。

自分は自分なんです。以下でも、以上でもない、そのままなんですよ。できることも、できないことも、それも自分。それを自分以上に見せるために隠しているだけですよ。どうしてそんなに自信がないのですか？　あなたはあなたで、沢山の良さがありますよ。周りの人達と比べないでください。あなたが可哀相ですよ。「私はここにいるのに、ずっと隠れているのに疲れた～」って言っていますよ、あなたの魂。勇気があれば、本当の自分は出せますよ。行動もできます。自分の「こう思われたくない」の自我を、勇気を持って「こう思われてもいいや」に変えていきましょうよ。飾らない、嘘ではない自分を、少しずつ増やしませんか？　楽になりますよ。

実践の話

Story of Taking Action

これまでいろいろな「話」を書きました。これらの全てで一番大事なことが「実践」をすることです。

もしあなたが本気で「何か」を変えたいのであれば、一日中実践する努力をしなければなりません。

皆さんは、どれだけ自分を変えようと努力されていますか？　私が書いた「話」の中で「そうだ。これしなきゃ！」って思った人もいるかな？

ではそれをどのくらい実践されているでしょう？　例えばあなたが、「イラつき」をなくしたいとします。この実践はどうやるのでしょうか？　朝起きます。そしてご主人と子供達が目を覚まします。この時点から、あなたのとても忙しい一日が始まりますよね。実践はこの時点からもう始まっています。子供がなかなか起きないので、あなたは何度も起こしに行きます。それでも起きません。あなたは「イラっ」ときます！　さあ「イラつき」を捕まえて、これは必要のないものと処理しましょう。あなたは朝食の用意にかかります。子供はまだダラダラと支度をしています。あなたは「イラつき」ます。またここで、あなたのこの感情を捕まえます。

ご主人が目を覚まして、朝食を見て、「俺、今朝はパンが食べたい」と言ったとします。すでにご飯を用意していたあなたは、「イラつき」ます。「私は朝からこんなに忙しいのに、手伝いもしないで起きて来て、パンが食べたいとは何事か」。そう、この「イラつき」も捕まえます。みんなが揃って朝食です。ご主人以外は、ご飯とお味噌汁を食べ、ご主人はパンを食べながらこう言いました。「このパン、美味しくないなぁ～」って。あなたはまた「イラつき」ます。まだ朝から数時間しか経っていないのに、あなたは何回も「イラつき」ました。

一段落して、あなたはスーパーに出かけます。精算のレジ係がカゴにバンバンと適当に商品を入れています。あなたは、もっと丁寧にできないのか？っと「イラつき」ます。家に帰って夕飯の支度で忙しいときに、お母さんから電話がありました。たいした話でもなく、今かけてこなくても良いのに！とあなたは「イラつき」ます。

それからあなたは、寝るまでに何回も「イラつき」ます。

さあ、あなたは一日で起こった全ての出来事に対して、どんな時でも「イラつき」をなくす実践の努力をしていますか？　「午前中はしたけど、午後はしなかった」とか、「今日はやったけど、明日はしない」「一ヶ月したけど、大変すぎでやめちゃった！　でもたまにしてる！」

自分はこんなに忙しい毎日を送っていないから、「イラつき」はない。こう思われる方は、ご自分を別の環境に置き換えてください。例えば職場では、どんな一日ですか？　友達とはどう過ごしますか？　電話で話す時のあなたはどうですか？

本気で自分を変えたい人だけにこれをお伝えしますね。もしあなたが本気で、「何か」を変えたいのであれば、一日中実践する努力をしなければなりません。失敗しても良いんです。完璧にできなくても良いのです。落ち込まなくても良いんです。ただ大事なことはやり続けること、実践し続けることです。今日できなったことがあったら、明日また一日やりましょう。この意識なしに変化はありません。

私の描く宇宙

How I Envision the Universe

魂のプログラムの大切な一つで全ての魂に共通するのは、「無償の愛と調和」だと思うんです。

宇宙には数知れない魂があって、それぞれが別の場所で学び進化し続ける……

壮大なるハーモニー。

私は宇宙に存在する全てが、宇宙を作り上げていると思うんです。繰り返し気づき学び実践することによって、我々の魂は進化して行くのではないでしょうか？　地球上の海が全世界と繋がっているのと同じように、宇宙も繋がっているのだと思います。現在コロナ、温暖化問題、そして災害など、今までとは違う形で現れているようです。この地球の振動波も、我々の太陽系、銀河系、そしてそれを超えた世界に必ず影響を及ぼしていると思います。宇宙は良い悪いではなく、全てを通して学び、進化するようにできているのではないか？

産まれる時に魂の記憶は消されます。稀に、記憶を持って産まれてくる方々もいるようです。その人たちには記憶が残ることによっての別の学びのために、そのような選択をされたのだと思います。前世、前々世、すなわち今までの記憶があったとしたら、我々は学びができないのではないでしょうか？　少なくとも地球では、記憶があることによって、いろいろなことがわかってしまうので、怠慢になる人は多いのでは？　こうなるからやらない、とかこう避ければ安全とか。

記憶があって、いろいろなことを知っているから偉いと思ったり。

宇宙には、いろいろな形の存在があります。我々を基準にすると、見えないものは無い（存在しない）となってしまいます。果たして、それでいいのでしょうか？　もしかしたら、前世では別の銀河系の、別の惑星に存在していたのかもしれません。そこではその環境、そして人間とは別の形で存在して、学んだのかもしれません。考えても到底わかることではありませんよね？　でも事実は、私達はこの宇宙に存在しているということです。

面白い考え方だと言われるかもしれませんが、魂は、存在した時点で、宇宙の法則みたいなものがちゃんとプログラムされて、時間はかかっても、そのプログラムはきちんと終了するのではないでしょうか？　誰が、何が、我々の魂を最初に作ったかはわかりませんが、そのプログラムの大切な一つで、全ての魂に共通するのは、「無償の愛と調和」だと思うんです。魂には、それがプログラムされてきているので、いくらその逆をやろうと、必ずいつかはどこかで戻る仕組みになっているのではないか？と私は思います。

ここでの「調和」は、天秤の左と右とが同じで、バランスがとれているという意味ではなくて。そうですね、例えて言えば、オーケストラを聴いていて、心地よく入ってくる音のように……。オーケストラの中で奏でる一人が、たとえ間違った音を弾いたとしても、それを他の人たちの奏でる音にうまく包まれて、間違いが消えてしまうような。壮大なるハーモニー。うまく言えませんが、良い悪いのバランスではなくて、大きなシャボン玉の中に、負もあり正もあり、いろいろなものが入っていて、でも形を変えながらフワフワと浮かんでいるような優しい観じだと私は思っています。わたくし的な調和はこんな観じです。

魂は存在してから学びが終わるまで、それはそれは数字では表せない年数を体験するのではないかな？　愛を学ぶために憎しみを体験したり、人を殺す体験をして、次には自分が殺される側になって学ぶとか……。こんな事を書くと、「とんでもない、人を殺す体験なんて！」って、思う人もいるかもしれませんね。でも大昔、原始時代？に、人間は生きるために狩りをして、自分たちを守るために戦って、それが日常だった時代もありますよね。いまだに争いは止まず、地球上の何処かで、我々は殺し合いをしています。皆さんだって、もし殺されそうになったら、相手を殺しますよね？　どうでしょう？　殺すより殺されたほうが良い、と思う人たちの方が少ないのではないでしょうか？

宇宙には数知れない魂があって、それぞれが別の場所で学び進化し続ける……。退化し続ける場合もあると思います。でも必ず、どこかで進化の方向へ行くようになっているのではないかと思います。そして、この宇宙全ての存在が、無性の愛と調和のみになった時に、ビッグバンのようなものが起こり、宇宙は完成になるんじゃないかな？　ビッグバンは終わりでもあり、新たな宇宙の始まりでもあるのではないかな。それから、我々の存在するこの宇宙の他にも、完成した宇宙は複数あるのではないかしら。じゃぁ、それらの宇宙の違いは何か？　多分、全てが無償の愛と調和のみに至るまでの時間、そしてその時間によって新たにわかったことなどなど、それをベースに次の宇宙はどんなプログラムでスタートするか、どんなことがどんなふうに作用して、それぞれの宇宙ができるのか？　とか、もう考えてもわからないことばかりです。

こんなことを言うとプログラムされた縛られた所にいるように感じる人もいるかもしれません。でもどうでしょう？　皆さんは、どんな場合でもご自分で選択されて生きてこられたのではないですか？　もし、自分の場合は選ぶことなんてできない状況にいたとおっしゃる方もいるかもしれませんが、どんな状況でも産まれてから死ぬまでの間に選択肢がまるでなかったっていう人はいないと思うんです。

これはあくまでも私の想像する宇宙なので、正しいか、間違いかはわかりません。ただ皆さんにお伝えしたいのは、頭にある情報や知識は本当に微々たるもの。例えばスポイトで落とした水よりも小さい小さいもの、霧の一つより小さいもの。知識に満足するのではなく、魂が成長できる学びを実践し続けることこそが、産まれてきた本当の意味ではないでしょうか？

困った時、落ち込んだ時、そんな時は是非宇宙を想像してみてください。この広い壮大な宇宙を観じて、「たいしたことではないよ！」って自分を励ましてあげてください。

誰もが大切な宇宙の一員だから。

アートと私

Art and Me

十年以上前のことです。あるアーティストさんから画用紙とクレヨンを渡され、「何か描いてみたら」と言われました。絵を描くことは、幼稚園や学校のクラスでしかやったことがありませんでした。少し迷いましたが、クレヨンの色を選び画用紙に描きはじめました。まるで幼い子供が描くように、画用紙にクレヨンでぐるぐるぐると〜。すると、初めて体験する感覚が私に走りました。それは描くのが「楽しい！」って。

これは私には衝動的でした。ぐるぐるが楽しい。そして私は「アートってこんなに楽しいんだ」って初めて知りました。その時からもの凄い勢いで絵を描きました。初めの頃は顕在意識を相当使っていたと思います。なので絵から出ている振動波は良くなかった。でもある時期から自分の絵が変わっていきました。どのように変わったかは言葉で表現できません。「絵が私を通して生まれてくる感覚」とでも言うのでしょうか。気持ちが良い絵に変わっていきました。私の絵は、出来上がりがどんな風になるかまるでわかりません。ただテーマを決めてあとは、素直に自分の直観で描きます。そうすると自然と筆が止まり、絵が完成します。

私は自分のことを振り返り、自分が変わらなければアートも変わらない体験をしました。この本に書いてあること、すなわち日々の実践で自分を変えること。自分が変われば周りの人に影響するばかりか、自分の描くアートにも大きく影響すると思います。絵の道具は岩絵具と和紙、筆は水彩、油絵、習字用などさまざまなものを使っています。

また創作音楽も絵と同じように、テーマを決めて即興で鍵盤に向かっています。幼い頃に少しだけピアノをやっていたので、それを活かしています。

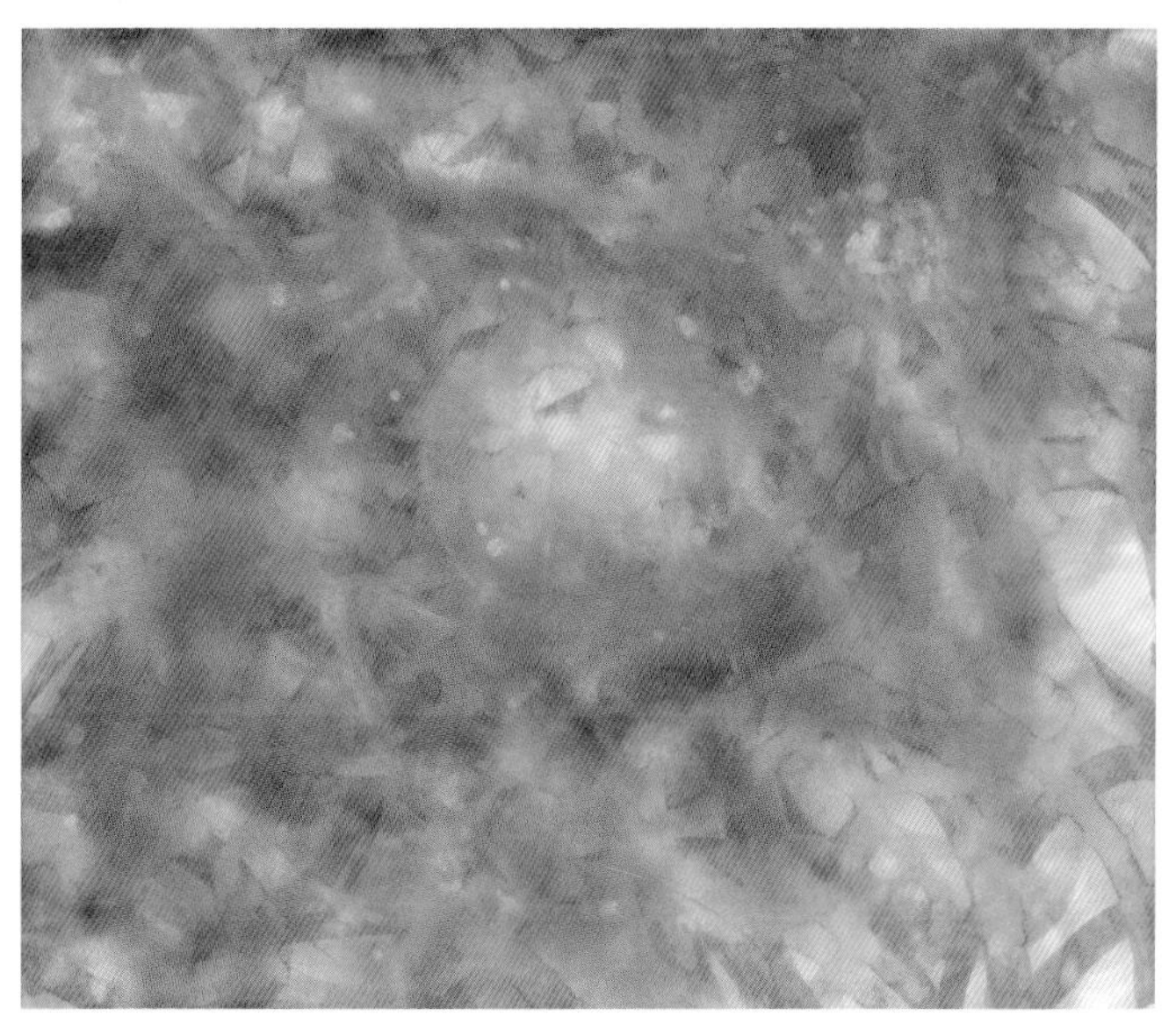

無償の愛

Unconditional Love

平和の尊さ

Preciousness of Peace

真の家族

True Family

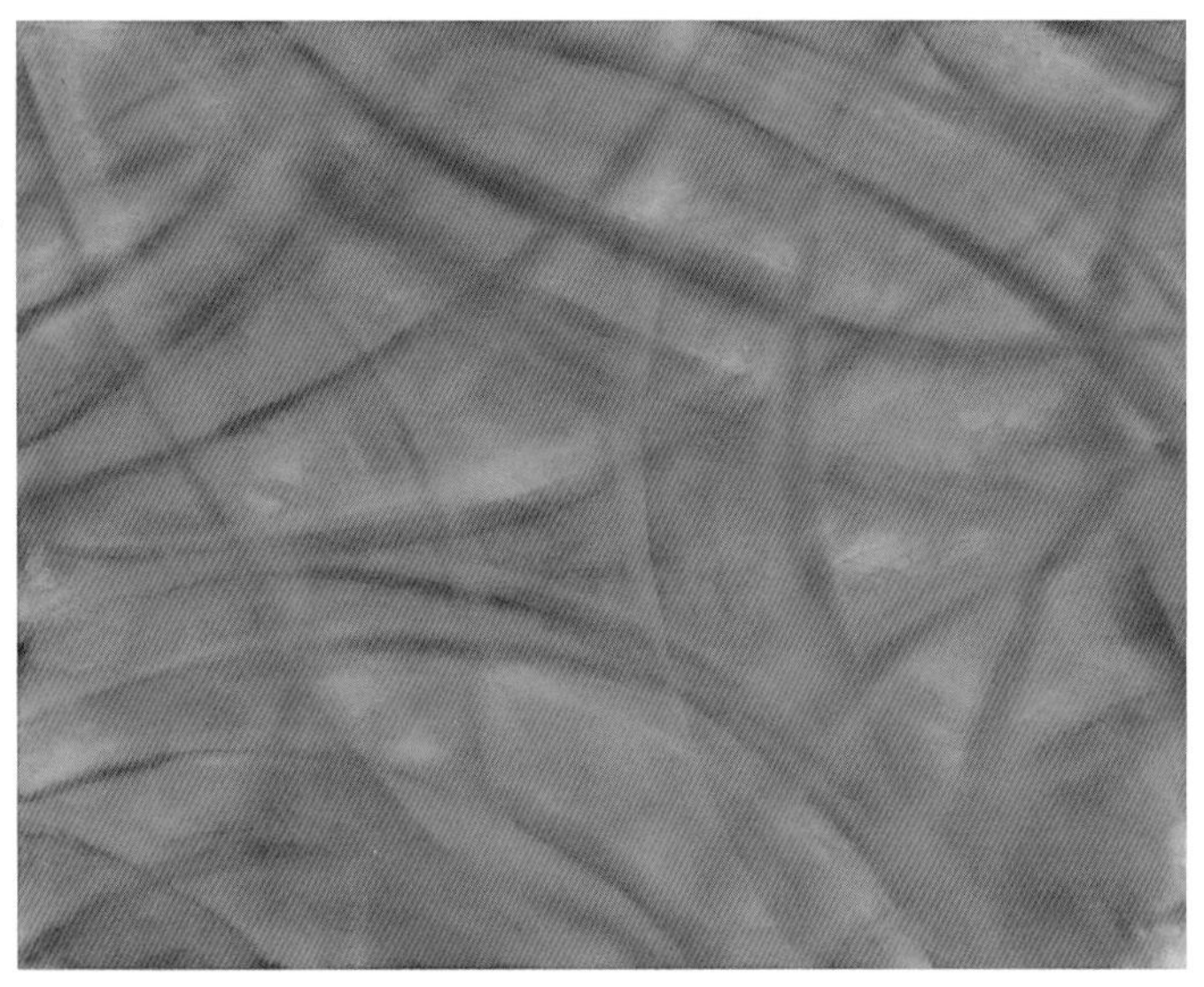

調和の振動波

Harmonious Vibration

おおらか

Laid-Back

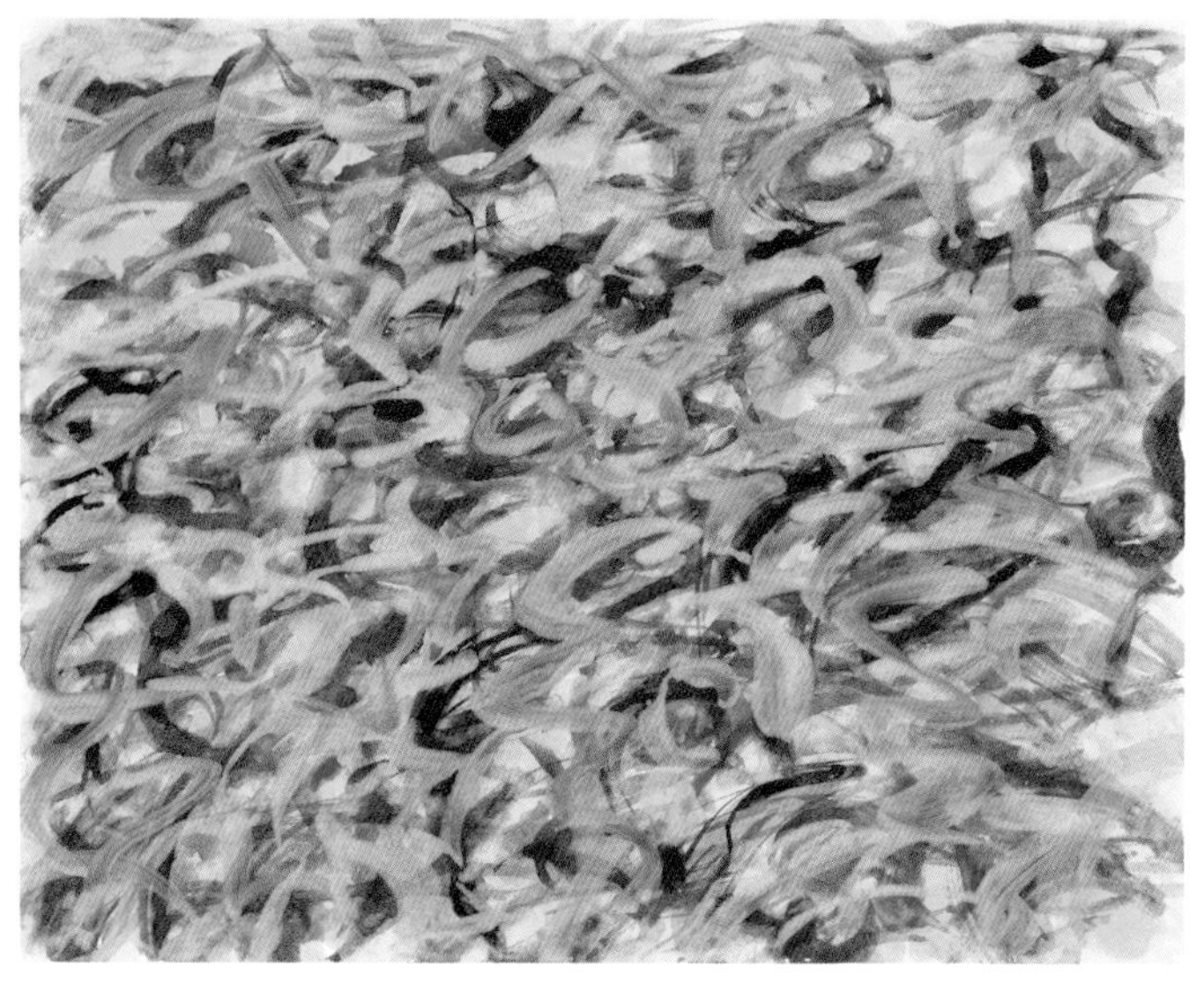

宇宙のオーケストラ

Orchestra of the Universe

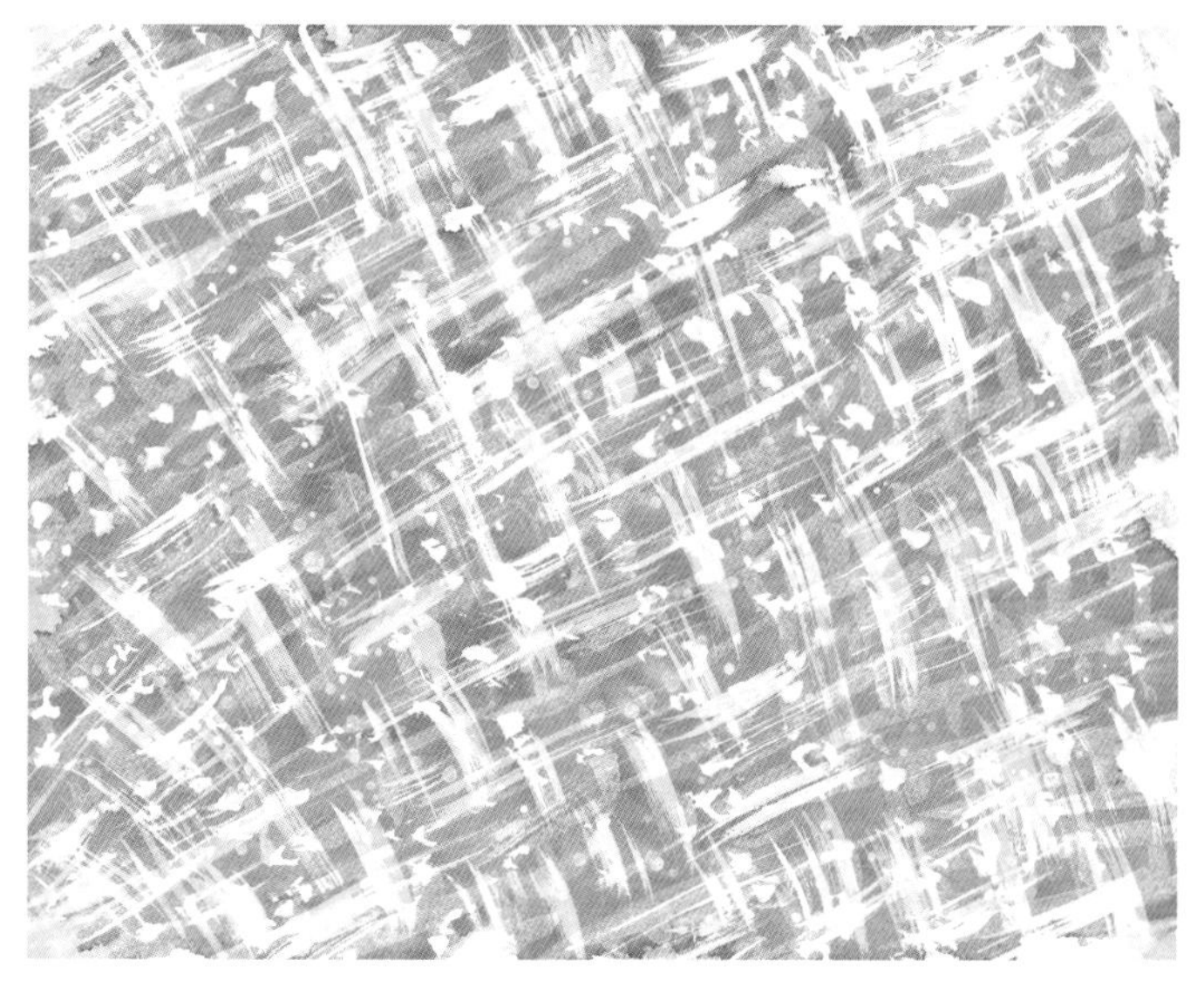

時空網

Network of the Universe

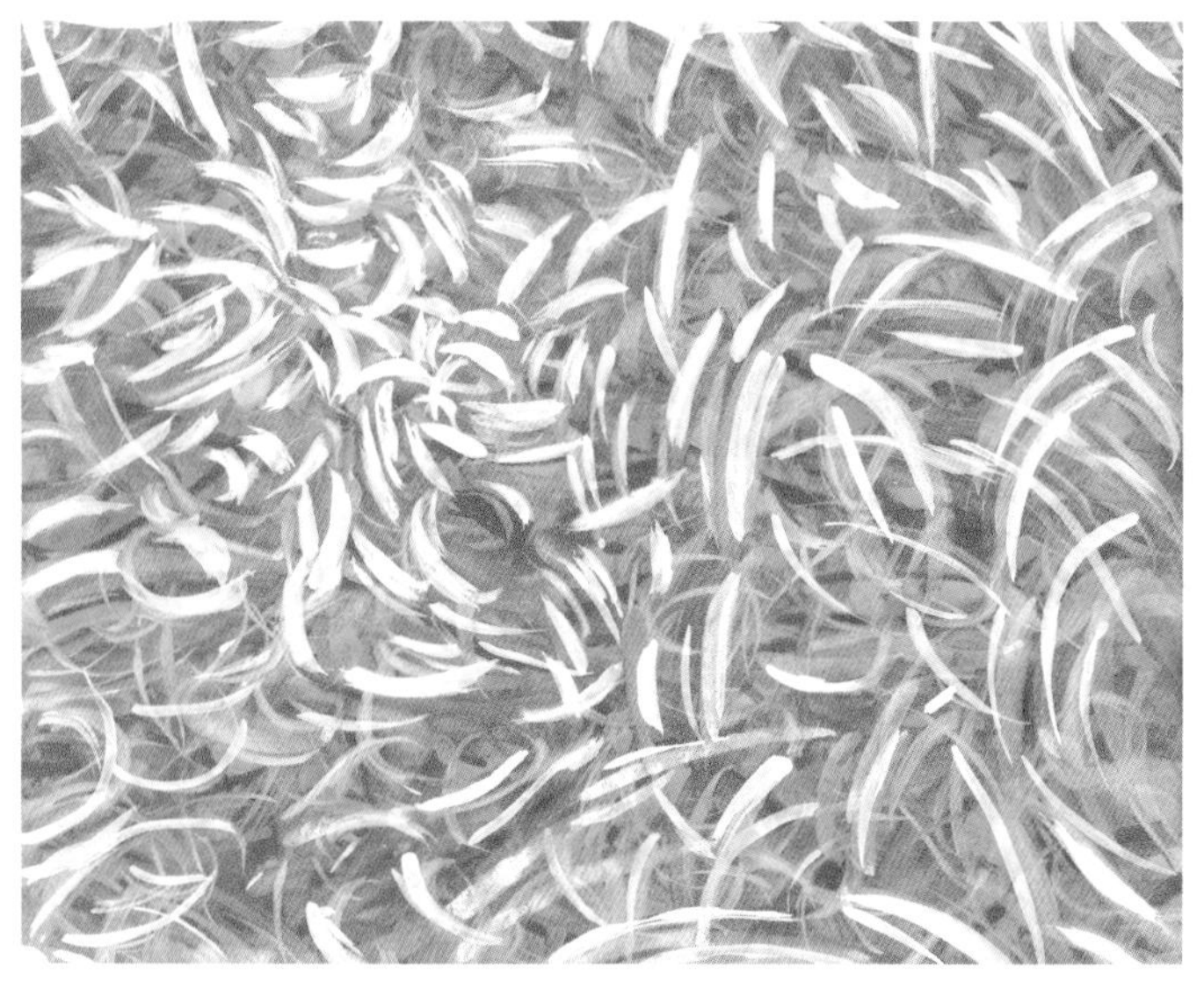

無償の愛２～実践

Unconditional Love 2 ～ Putting into Practice

Q＆A

Q：生まれて来た理由、どうしてこの場所に居るの？

A：すべての存在が気づき体験してそこから学び進化（成長）していくというシステムが宇宙に存在するみたいです。

以下は足立育朗さんの書かれた『波動の法則』（ナチュラルスピリット刊）という本から学び、私にとっては、今までで一番しっくり来ている内容です。

鉱物、植物、動物などを学び人間を学び、人間の先にもあるようです。産まれた理由は一言でいうとその人のエクサピーコ＊（魂）そのものが決めるそうです。こんどはこんな形で産まれて、こういう体験をしてこれを学ぼう！と。それでエクサピーコは場所も選びます。こんなプログラムで学びたいのですが協力してもらえますか?と両親のエクサピーコに産まれる前にコンタクトをとります。そこで了解です、一緒に学びましょう、となって初めてお母さんは生命を宿ります。そしてあなたが産まれます。顕在意識ではまるで覚えていませんが、エクサピーコ同志は了解しています。

＊足立育朗さんは魂をエクサピーコ（EXA PIECO）とよんでいます。この理由は、私達が言っているいわゆる魂とはその内容が異なっているために、彼独自の名称を使っています。他にもオムネクオネクという人も、魂は優れたコンピュータ以上に精密なものと言っています。

Q：身体を大切にすることの本当の意味は？　なぜマッサージをするのですか？

A：宇宙にはいろいろな形の存在があります。私達の目に見えるものも、目に見えないものも存在します。それで肉体があるのとないのでは、学ぶ内容が当然異なって来ます。なぜなら肉体があるということは、肉体と共に学ぶということだからです。痛いとき、痒い時など、いろいろな形で身体にやってきます。例えば、食べすぎてお腹が痛くなったら、「あぁ、これで痛くなったんだな。食べ過ぎは良くないな」と、身体が知らせてくれますよね？　このお知らせから、自分の体に良くないな、とわかるわけです。ですから、身体の声を聞いてあげることで、身体のことを学びます。同じ人間でも、同じ身体ではありません。各自違います。身体はこのようにメッセージを送ってくれます。本当に身体を大切にするということは、身体からのメッセージを受け止めてあげて、そこから実践することではないでしょうか？

マッサージによって筋肉のほぐれや精神的な癒しなど、いろいろな効果がマッサージを受ける人をある意味で助ける役割をしますが、一番重要なのは、セラピストさんが、マッサージを通して何を学んでいるかだと思います。これはどんな職業でも、それを通して学ぶことに関して職業は関係ありませんね。

Q：必要なものは全て自分の中にあるという本当の意味は？

A：この意味は、自分自身を変えていかなければならないということです。この作業なしでは、頭の中にある情報は活用されません。「やっているつもり」をやっているだけでしょう。どんな偉い人の側にいても、癒しスポットへ行っても、それらで変わることは決してありません。自分の中の一つ一つに取り組むことでしか、答えはありません。

Q：なぜ直観を使わなくてはいけないのですか？　なぜ直観を使うのですか？

A：まず、直観を使わなければいけないのではありません。ではなぜ直観を使うのか？　それは、頭で考えて到底得られない内容が直観だと入ってくるからです。頭で考えて、それに対しての答えには限界があります。しかし、直観として入ってきたものには限界がないと思うんです。そしてこれは何も特別なことではなく、本来は皆ができることではないでしょうか？

私の思うに、あまりにも頭でこねくり回す習慣で生きてきた。そして、その方法が一番だと思っているので、私たちの直観が曇っているのではないか？　例えば私たちの中には、ダイヤモンドの原石みたいなものがあるとします。そして日々の学びを実践することによって、だんだんとダイヤモンドは磨かれるとします。直観は誰にでも入ってくるものだけど、ダイヤモンドが曇っているのでキャッチ出来ない……こんな観じだと私は思います。

私が直観を使う理由は、もともと私の中にあったものを通して、必要な情報を手に入れたいからだと思います。長くなるので短くまとめますが、直観～ダイヤモンドを磨くには自我と欲をなくし、魂の実践を行うしか方法がないと私は思っています。

Q：信仰や宗教についてはどう思われますか？

A：とてもよい質問を頂き、ありがとうございます。信仰を持つことは決して悪いことではありません。私は全ての宗教を知っているわけではありませんが、キリスト教、仏教、ユダヤ教などの大きな宗教の教えはまさに、それを実践すれば、自分を大きく成長させてくれることには間違いありません。宗教は、本来我々が進むべき道の学校のようなものだと思います。神様や仏様の存在を信じるか信じないかではなく、その教えを実践しているか否かが非常に重要だと思います。

私の知り合いでカトリックを信仰している人がいます。彼女にとって神様は、最高位にいる存在です。私は彼女から相談を受けたりする時に、彼女がわかりやすいように神様を使ったりします。この方が彼女にはとってもわかりやすいんですね～。なので私は宗教に関して一切否定しません。「あぁ、これを通してこの人は学んでいるのだな」と、思います。

以前何度か、「卒業する」ことの大切さをお話しさせて頂きました。学校を思い浮かべてください。小学校では学びきれなかったことを、中学校で学びます。そして、その先が高校や大学です。学び終わったら卒業しますよね。私は宗教も同じだと思います。先は長いので、そこにずっと止まっていることは、本当はできないのではないでしょうか？　もちろん、一生涯その宗教の中でやるべき役割のある人もいます。先生がいなければ教えられませんよね？　でも一般的に言えば、いかなる宗教であれ、真の信仰実践をされている方は、そこに止まっていられなくなると思いますよ。小学校で習ったことの次を知りたければ、小学校を卒業しなければなりませんよね。今まで信仰して来た宗教に、心から感謝ができて、卒業して、次に進む時、きっと自分の成長を見るでしょう。

まとめ　動じない自分の話

Story of Finding True You

「動じない自分」を作るのに一番必要なのが忍耐です。

忍耐、実践を続けると、どんなことが来てもあなたは迷わず前進して行けるでしょう。

完璧な人間はこの世にいないと思います。

自分対他人ではなく、自分対自分でやってみませんか？

本気で日々取り組んでいれば、必ず自ずと結果はついてきます。

自分を変える努力を忍耐強く続けると、その先にはどんな世界があるのでしょうか？

今まで手放せなかったあなたの感情は、忍耐強く変える実践をすることによって、だんだんなくなって行きます。そう、もしあなたの中の「怒り」が消えた時、あなたは相手を自分の感情なしに受け入れることができます。するとどうでしょう？　そこには、今までのあなたには見えなかったものが、必ず見えてきます。感情的になるとどうしても「真実」を見ることが難しくなります。その感情がなくなってきたのですから、よりはっきりと目の前が見えてきます。

イメージしてみてください。あなたの前に、大きな真っ直ぐな一本の道があるとします。この道があなたの歩むべき道とします。そこに終点があったとしましょう。それがあなたの魂の、今世の学びの終わりとします。あなたは大きな一本道を歩いています。さて、しばらく歩くと、右に行く道が見えてきました。あなたは一本道を歩くのに疲れ、右に曲がります。これが「怒りの道」だとしましょう。右に曲がったあなたは、「怒り」の感情を体験します。ある人はすぐそれに気がついて引き返し、元の自分の進むべき大きな一本の道に戻ります。多くの人は、「怒り」の道をどんどん進み、自分の歩むべき道があったことすら忘れてしまいます。

次に、再び大きな一本道を歩いていくと、今度は左に曲がる道がありました。これを「プライドの道」としましょう。あなたは大きな一本道をふらふらと歩いて、なんだか歩く忍耐が大変になってきたので、左へ曲がります。そこには、プライドの高い存在がいっぱいで、あなたは自分もそうなろうと思い、この道を随分長く歩きます。そしてそこの主になったかのように、そこから出られなくなりました。

あなたの歩むべき道の最終点は、まだずっと先なのに、あなたは、入り口から少しのところで寄り道をしたために、たどり着くことがなかなかできません。人生において、左右に曲がるいろいろな道があるとします。この寄り道は、とても必要で大切な道です。そこから多くを学ぶからです。寄り道をすることが悪いのではなく、実はそこに居続けるのが問題なのです。学んだら卒業しなければなりません。

「動じない自分」を作るのに一番必要なのが忍耐です。人生は忍耐の連続です。とても辛くて大変なことが数々訪れてきます。それでも、歯を食いしばって忍耐をし続けることにより、あなたには段々と、小さなことでは動じない自分ができて行きます。そしてさらに忍耐、実践を続けると、どんなことが来てもあなたは、迷わず前進して行けるでしょう。感情的なものだけではなく、肉体的なことも。こつこつと忍耐をし続けて来たあなたの忍耐力は更に増します。とても苦痛なことに対しても、あなたの大きな忍耐力によってあなたは耐えられるようになるからです。

もう一つ、こんなイメージをしてみてください。私たちの人生は、白い画用紙に絵を描くように、その人、その人のでき上がった絵は、他の人とはまるで違います。あなたは、生まれたとき、白い画用紙をもらったとします。赤を選ぼうが青を選ぼうが、あなたは自由にその白い画用紙の上に描くことができます。人生が終わりに近づき、あなたの今世の絵が完成していきます。その絵からはどんな振動波が出ていますか？　絵が上手いとか、下手とかではなく、その絵を見て気持ちがいいですか？　それとも、ぞっとしますか？　できれば気持ちの良い絵を描きたいですよね。

完璧な人間は、この世にいないと思います。誰もが優れていて、同時に欠けている部分があると思います。完璧になりたい欲を捨てませんか？

私達は周りの人たちから、いつも何かを教わっています。誰もが自分にとって大切な先生です。誰一人偉い人はいません。あなたは自分のことを、優れた先生だと思ってはいませんか？　ある部分で自分より優れている人は沢山います。でも、その人よりも優れている部分は、あなたにもきっとあるはずです。より多くの情報が欲しいですか？　知っていることは、そんなに素晴らしいことでしょうか？　こんなことができる自分は凄い人ですか？

他人と自分を比較しないでください。私たちは自分のことは見えなくて、自分以外はよぉ～く見えますよね。そして他人への評価は厳しいのに、自分に対してはあまいですよね。これって、ちょっとおかしいと思いませんか？　他人を責める前にやることは、自分の中に山ほどあるのではないでしょうか？　だからそうしませんか？　実践してみませんか？　自分対他人ではなく、自分対自分でやってみませんか？

多くを知っていて、何も実践しない人より、何も知らなくても、自分と本当に向き合い、変えて行く努力をしている人の方が、魂には通じるのではないでしょうか。見てくれより、見えないけど、ちゃんと魂の成長を貯金している人は、それを死んだ後も持っていけるようになっているのではないでしょうか。

私はいろいろな体験をして多くを学びました。それでもまだ完璧からは、ほど遠いところにいます。次から次へと課題が出てきます。終わりなき旅のように、何が起こってどうなるかわかりません。それを少しでも多く知ろうとする代わりに、今日をどう生きるか、そして素の自分で生きるために、無駄な感情やプライドをなくす実践をした方が、確実に魂には届くのではないかと私は思います。この本では、私のやり方を紹介させて頂きましたが、方法はこれだけではないと思いますし、もし皆さん独自のやり方で、魂の実践をされているのであれば、どうぞそれをやり続けてください。本気で日々取り組んでいれば、必ず結果はついてきます。

いろいろな角度から「話」を書かせて頂きました。私は一人でも多くの方々が背負っている、必要ではないものを捨てて行く実践をされ、自らの力で、いろいろな発見をされて学ばれ、折角の人生をしっかりと生きて行ってもらいたいと思います。自分を変えて行く作業は、あなたの代わりに誰かがやってあげることはできません。

私の思いが一人でも多くの方へ届きますよう……。

おわりに

最後になりましたが、この本の出版に共鳴してくださったナチュラルスピリット社の今井博樹社長様をはじめ、協力をしてくださったスタッフの皆様に心より感謝申し上げます。

また、日本側で中心になって協力してくれた友人の石川こすみさん、デザインを担当してくれた藤井美香さん、忙しい中お手伝いしてくれてありがとう。皆さんの協力でこの本が生まれました。

ギャッチ郁子さんとの出会い

形態波動エネルギー研究所　足立育朗

今から30年程前、形態波動エネルギー研究所を開設して、スタートした最初の日に、今の貴男のその意識と意志（自然の仕組にかなって調和のとれたこと）を貫き通すことが大変重要ですが、その際先行き詰まってどうしようもない状況等に直面するようなこともあるでしょう、そんな時には必ず必要な方が現れてサポートをしてくださいます、と情報で知らされました。２０１１年3月11日の東日本大震災のその日、ニューヨークよりギャッチ郁子さんからお電話をいただきました。それはまさに、情報で知らされていた出会いでした。それ以後ギャッチ郁子さんとは、今日に至るまで交流をさせていただいています。

その彼女が、『魂の実践』という書籍を発刊されるというので読ませていただき、彼女にしかできない重要な役割の1つを始められたのだと思いました。

そして、今この時期にこの『魂の実践』が発刊されることは、いかに重要なことであるか……。理解ではなく、気づくことが大切ですが、気づきが生まれても実践をされる方が少ない中、ギャッチ郁子さんは、ご自身が書かれていることを全て実践されています。読者の皆様方には、是非本書『魂の実践』を生かしていただき、真の実践をしていただければと心から願っています。

最後に、この様に現実に体験されたことを赤裸々に書かれ、多くの方の真の実践のヒントになるような書籍を発振していただいただけでなく、日頃から多くのサポートをくださっているギャッチ郁子さんに、心より感謝し、厚くお礼申し上げます。また、本書を生み出してくださいました株式会社ナチュラルスピリットの今井博樹社長様をはじめ全てのご協力者の方々に心から感謝申し上げます。

なぜこの本を出版するのか

ナチュラルスピリット代表　今井博樹

ギャッチ郁子さんから一文を頼まれました。そんなにギャッチさんのことを知らないので、よく知っている今回編集に携わった株式会社DENEQEN代表の石川こすみさんと株式会社ファゴースの代表の藤井美香さんが書かれればいいのにと思いますが、よくわからないけれど指名されました。

それは、普通だったら本にならなそうなものをなぜ出そうと思ったかを書いてほしいそうです。

また、普通だったらいろいろ構成や順番を考えたりと一般的な本の作りをしないといけないところを、著者側からそれはできないと言われたのに、なぜ出そうと思ったのかを。

そんなことを問われても答えられないというのが正直なところです。足立育朗さん関係の本を出してきた流れというのもあります。石川こすみさんから薦められたからというのもあります。

『波動の法則』を読んだ方から「では実際にどう実践すればいいのか」という問い合わせがあったそうで、それに応える本がないという話を聞きました。それに応える本としてギャッチさんの「魂の実践」の話が役に立つのではないかということで、出版の話をいただきました。

この本に書かれている「魂の実践」の話は、最初読んでいて「普通のこと」かなと思いましたが、関わっている人たちから「普通のことではない」という感想を聞き、驚きました。その人たちはギャッチさんの文章を読んで実践の具体的な仕方がわかったと言っていました。

自分は「魂の実践」が全然できていなくて、考えてもいませんでしたが（別の面では考えていましたが）、それなので書かれていることが「普通のこと」だと思ってしまったのかもしれません。実際に「魂の実践」に取り組まれている人、これから取り組もうと思っている人にとっては「普通ではなく」とても参考になる本かもしれません。

自分も、再度読んでみて、いろいろ参考になるところがありました。この本は何度も読んでみる本なのかもしれません。何度も読んでみるうちに「魂の実践」とは何かということがわかり、実際に実践できるようになる本なのかなと思います。

別の観点（大きな観点）から観て、今かなり波乱の時代の中にあり、その中で「魂の実践」というのはとても重要なテーマであり、テーマというより中心の中心であり真っ先に取り組むものだと言えます。これからの時代を生きる中心のもの。この本はそのために役立つ本だと思います。

なぜ、この本を出すのかという問いへの答えというか理由というものを書いてみましたが、うまく伝わったらと思います。

◉ 著者プロフィール

ギャッチ郁子（ぎゃっち　いくこ）

アーティスト。アーティスト名はG.M.I.
1960年　長崎県生まれ　　現在、ニューヨーク在住
1977年　英国の高校 St.Brandon's School 卒業
1981年　上智大学比較文化学科卒業
2010年頃より直観でアートを描き始める
音楽も直観で作曲するようになる
2016年11月　New York City の日本クラブにて
ご主人とアート展覧会を開催
2022年9月　草月会館（東京都港区赤坂）において
アート展開催予定

『波動の法則』の著者の足立育朗氏とも交流をもつ

著者の作品の複製画は、下記で購入できます
株式会社 DENEQEN（デネケン）
https://www.deneqen.jp/

魂の実践
いろいろやってきたけど、
難しかった人へ

●

2021年10月14日　初版発行

著者／ギャッチ郁子

編集協力／石川こすみ
ブックデザイン／藤井美香
DTP／細谷 毅

発行者／今井博樹
発行所／株式会社 ナチュラルスピリット
〒101-0051 東京都千代田区神田神保町3-2 高橋ビル2階
TEL 03-6450-5938　FAX 03-6450-5978
info@naturalspirit.co.jp
https://www.naturalspirit.co.jp/

印刷所／中央精版印刷株式会社

ISBN978-4-86451-379-1 C0011